# 방구석
# 오페라

아름다운 사랑과 전율의 배신,
운명적 서사 25편

# 방구석
# 오페라

이서희 지음

RITEC
CONTENTS

"언제나 작은 것들이 큰 것을 허물고
 문학은 건축을 무너뜨리지"

이 문장은 〈노트르담 드 파리〉의 노래 가사의 일부분으로 전작 『방구석 뮤지컬』에 소개되었던 문장이자, 제가 제일 좋아하는 문구입니다. 더불어 이 책 『방구석 오페라』를 집필하기로 마음먹게 한 문장이기도 하죠.

호주 오페라 하우스에서 느꼈던 감동을 정리하며 오페라에 관한 지식을 쌓아가던 중, 제 모습을 돌아보며 해당 문장을 다시 한번 떠올렸습니다. 작은 것이 모여 큰 것을 허문다는 것이 곧 제가 오페라에 관한 지식을 쌓아가는 모습과 닮았다는 생각이 들었기 때문입니다. 이 생각은 저 개인에서 더 나아가 우리로 뻗쳐 나갔습니다. 오페라 곡의 감동적인 문장들이 모인다면 우리 삶에 큰 영향력을 줄 수 있을 것이라는 믿음이 든 것입니다.

전작 『방구석 뮤지컬』을 통해 수만 독자의 관심과 사랑을 받았습니다. 작품을 공유하고 소통하던 시간이 참 소중했습니다. 이러한 시간에 힘입어 이번에는 오페라를 통해 독자 여러분과 함께 작품을 나눠보려 합니다. 오페라는 뮤지컬 못지않게 흥미로운 장르입니다. 전작 『방구석 뮤지컬』에서 나눴던 값진 시간을 『방구석 오페라』로 다시 한번 선물하고 싶습니다. 오페라의 매력을 탐구하는 시간을요.

물론 오페라를 생소하게 느낄 수 있습니다. 저 또한 그랬으니까요. 소극장이나 야외 공연도 병행하는 뮤지컬과 달리 대부분 전용 극장에서 공연하는 오페라는 낯설고 먼 장르로 느껴지기 쉽습니다. 하지만 오페라도 콘서트나 뮤지컬처럼 재미있게 즐길 수 있는 장르입니다.

오페라도 결국 하나의 단편 문학이기 때문입니다. 뮤지컬이 개인의 꿈과 사랑의 드라마를 노래한다면, 오페라는 역사나 인생의 역경을 표현하는 문학적인 줄거리를 노래합니다. 다채로운 매력으로 완전한 문학적 서사를 펼치는 무대. 성악가의 육성으로 전해지는 전율을 '오페라'에서 경험할 수 있습니다.

『방구석 오페라』를 펼치는 것이 그 시작점이 될 수 있겠습니다. 이 책에는 각 작품의 줄거리와 각 곡의 가사, 인문학적 해석까지 덧붙여 25편의 명작 오페라를 실었습니다.

또한, 『방구석 뮤지컬』처럼 QR코드를 삽입하여 대표곡을 듣고 즐길 수 있도록 구성하였습니다. 『방구석 오페라』는 오페라를 처음 접하는 독자들에게 가이드가 되어줄 수 있습니다.

『방구석 오페라』를 읽으며 호기심을 자극하는 오페라를 발견한다면, 호시탐탐 공연 예매 사이트를 확인해 보는 게 어떨까요? 생생한 원어로 전해지는 이국적인 아리아와 오케스트라의 합주, 화려한 무대장치의 조화가 오래도록 잊을 수 없는 감격의 순간을 만들어 줄 테니까요. 어쩌면 우리 삶과 사랑을 노래하는 오페라 작품들은 여러분의 열띤 박수와 앙코르 요청뿐만 아니라 인생의 변화를 끌어낼지도 모릅니다.

지금부터 여러분의 작은 공간에서, 우리 인생을 닮은 오페라를 펼쳐보세요. 그리고 운명처럼 오페라에 빠져드는 순간을 경험하길 바랍니다.

이서희

## 차 례

# 순수한 사랑은 지고 남은 것은

## _ 복잡한 애정 관계

# 악을 처단하라

## _ 혼란스러운 세상 속에 한 줄기 빛

PART 4

# 선이 악을 이기기는 쉽지 않을 텐데
## _사랑과 비극은 하나

# 소신과 가치를 지켜내며

## _ 다양성을 존중하고 차별하지 않는 결말

　　오페라는 르네상스 말기 16세기 이탈리아에서 최초로 시작되었습니다. 오페라의 효시는 피렌체에서 공연된 〈다프네〉로 여겨지나, 남아 있는 자료가 극히 드물어 완본이 존재하는 〈오르페오와 에우리디체〉로 여겨지기도 합니다. 이제 오페라로 여행을 떠나기에 앞서, 구성요소와 전문용어를 이해한다면 오페라를 더욱 흥미롭게 받아들일 수 있을 것입니다.

## 구성요소

오페라는 일반적으로 서곡에서 시작해 세 막의 이야기를 등장시키고 피날레로 마무리하는 것으로 구성됩니다. 하지만 오페라의 매력이 다채로움인 만큼 작품의 성격과 작곡가의 스타일에 따라서 구성요소와 작품의 흐름은 종종 달라지곤 합니다.

일반적으로 3막 구성 : 1막(primo), 2막(secondo), 3막(terzo)

| 리브레토 | 오페라 가수 | 아리아, 레치타티보 |
|---|---|---|
| 오페라 대본 | 프리마 돈나, 프리모 우오모, 알토, 테너, 바리톤, 베이스, 소프라노, 메조소프라노 | 주인공의 노래, 대화하듯이 노래 |

| 듀엣, 앙상블, 합창 | 서곡, 간주곡, 전주곡 | 군무, 발레 |
|---|---|---|
| 여러 사람이 함께 노래 | 오페라의 분위기를 암시하는 기악곡 | 무용수의 춤 |

## 오페라의 시간적 구성

서곡(Overture) | 전주곡(Prelude) → 1막 → 합창(Chorus) → 레치타티보(Recitative) → 아리아(Aria) → 군무(Group dance) → 음악(Orchestra) → 2막 → 간주곡(Intermezzo) → 3막 → 클라이막스(Climax) → 결말(Finale)

## 전문용어

**I**  **서곡(Overture):** 극의 분위기를 암시하는 곡으로, 오페라가 시작되기 전에 연주합니다.

**II**  **전주곡(Prelude):** 서곡보다 작은 규모로, 음악 전에 나오는 자유로운 형식의 음악을 의미합니다.

**III**  **합창(Chorus):** 그룹으로 구성된 가수들이 부르는 곡입니다. 합창은 대규모 무대에서 배경 음악이나 대사를 강화하는 데 사용됩니다.

**IV**  **레치타티보(Recitative):** 대사를 가까운 멜로디에 맞춰 말하거나 노래하는 스타일입니다. 레치타티보는 주로 대화를 전달하고 흐름을 유지하는 데 사용됩니다.

**V**  **아리아(Aria):** 주인공 또는 주요 등장인물이 자주 부르는 솔로 곡입니다. 아리아는 주로 주제나 감정을 강조하고, 가수의 기량을 드러낼 기회를 제공합니다.

**VI**  **군무(Group dance):** 오페라에서 일어나는 대규모 무용 시퀀스를 가리키는 용어로, 여러 명의 무용수가 함께 춤을 추는 부분을 의미합니다.

**VII**  **음악(Orchestra):** 오케스트라로 연주 된 음악을 의미합니다.

**VIII**  **간주곡(Intermezzo):** 두 개의 악장 사이에 삽입되는 짧은 악곡을 나타냅니다. 관객에게 휴식을 제공하는 역할을 하기도 합니다.

**IX**  **무대미술(Stage art):** 무대 디자인과 조형의 총체적인 개념으로, 공연의 분위기와 환경을 조성하는 요소들을 포함합니다.

**X**  **리브레토(Libretto):** 극적인 음악작품에 쓰이는 텍스트로, 오페라의 대본을 의미합니다.

**XI**  **듀엣(Duett):** 두 명의 가수가 함께 부르는 곡입니다. 주인공들이 서로 대화하거나 대립하는 상황에서 사용됩니다.

**XII**  **앙상블(Ensemble):** 두 명 이상의 가수가 함께 부르는 곡입니다.

대규모 장면에서 캐릭터들이 함께 노래하거나 대화하는 경우에 자주 사용됩니다.

XIII **클라이막스(Climax):** 작품의 긴장과 감정의 정점을 나타내는 부분을 말합니다. 작품의 결정적인 상황에서 나타나 전환점을 표현합니다.

XIV **결말(Finale):** 주로 작품의 이야기와 갈등이 해소되고, 등장인물의 최종 운명이 결정되는 부분을 의미합니다.

XV **레치타티보 세코(Recitative secco):** 피아노나 기타와 같은 간단한 반주와 함께 말하는 스타일의 레치타티보입니다.

XVI **아페투오소(Affetuoso):** 악보에서 감정을 지니고 연주하라는 말로, 감정적이고 열정적인 표현을 위해 주로 사용됩니다.

XVII **오프스테이지 트럼펫(Offstage trumpet):** 오페라에서 특정한 효과를 위해 트럼펫 연주자가 무대 위의 오케스트라와 함께 연주하지 않고, 무대 뒤에서 따로 연주하는 것을 뜻합니다.

XVIII **오페라 세리아(Opera seria):** 18세기 나폴리파 오페라에서 성립된 것으로, 그리스 신화나 고대의 영웅담을 제재로 한 엄숙하고 비극적인 이탈리아 오페라입니다.

XIX **오페라 부파(Opera buffa):** 18세기 발생한 희극적 오페라로, 가벼운 내용의 대중적인 오페라입니다.

XX **리얼리즘(Realism):** 리얼리즘 오페라는 인간의 생활과 밀접한 사건을 통해 인간의 추악함과 잔학성, 연약함 등을 솔직하게 표현하는 방식입니다.

XXI **프리마 돈나(Prima donna):** 이탈리아어로 오페라의 주역 여가수를 의미합니다.

XXII **프리모 우오모(Primo uomo):** 이탈리아어로 오페라의 주역 남가수를 의미합니다.

XXIII **베이스(Bass):** 가장 낮은 음역대를 맡는 남성을 의미합니다.

XXIV **테너**(Tenor): 라틴어에서 유래한 용어로, 음악에서 최고 음역대의 남성을 의미합니다.

XXV **바리톤**(Baritone): 테너와 베이스의 중간 목소리로 베이스 음색의 깊이와 테너에서의 화려함을 함께 지닙니다.

XXVI **알토**(Alto): 악기의 4도를 전후하여 소프라노 악기보다 낮거나 테너 악기보다는 높은 음을 의미합니다.

XXVII **콜로라투라 소프라노**(Coloratura soprano): 화려한 음악을 노래하는 것을 의미합니다. 구슬을 굴리는 듯 화려한 소리로 노래하는 선율입니다.

XXVIII **메조소프라노**(Mezzo soprano): 여성의 가장 높은 음역인 소프라노와 가장 낮은 음역인 콘트랄토 사이의 음역을 의미합니다.

XXIX **아리아 디 소르베토**(Aria di sorbetto): 중요하지 않은 아리아라는 의미로, 셔벗이나 젤라토를 먹으며 관람할 수 있는 아리아를 일컫습니다.

XXX **유도동기**(Leitmotiv): 무대극 관련한 용어로, 인물과 상황 등 반복되는 짧은 주제나 동기를 묘사할 때 공통으로 사용되는 주제 선율을 의미합니다.

XXXI **라르고**(Largo): 음악에서의 빠르기를 지시하는 말로, 아주 느린 속도라는 것을 의미합니다.

XXXII **지오코소**(Giocoso): 악보 내에서 익살스럽고 활발한 연주를 의미합니다.

PART 1

# 그 무엇보다 용감한
# 아리아의 시작

: 사랑하는 사람을 구원

이 장의 다섯 작품에서는 오페라 가수들이 용감한 아리아를 부릅니다. 바로 사랑하는 사람을 위해 부르는 아리아죠. 자기 목숨을 지키기 위해 무엇이든 다 하는 사람은 많지만 사랑하는 사람을 위해 기꺼이 자기 목숨을 내놓는 로맨티시스트는 현실에 흔치 않습니다.

그러나 이 장의 오페라들에서만큼은 사랑을 위해 모든 것을 바치는 사람들이 주인공입니다. 이 무대를 바라보는 관람객 역시 그 순간만큼은 자신보다 다른 사람을 먼저 생각하는 이타적인 마음을 가질지도 모릅니다. 이러한 변화는 오페라의 매력에 빠지는 출발점이 될 수 있을 것입니다.

# 사랑하는 이를
# 구출하기 위한 변장

: 피델리오 *Fidelio*

1700년대, 스페인 세비야 인근의 한 교도소. 교도소 지하의 깊숙한 골방에는 혁명 주도자 '플로레스탄'이 감금되어 있습니다. 그를 골방에 집어넣은 왕당파 교도소장 '피차로'는 플로레스탄에게 개인적인 감정이 있어 그를 납치했습니다.

피차로는 완전범죄를 위해 플로레스탄이 죽었다는 소문을 퍼트립니다. 그러나 플로레스탄의 아내 '레오노레'는 이 소문을 믿지 않습니다. 그녀는 남편을 구하겠다는 일념으로 남장을 하고, '피델리오'라는 이름으로 교도소에 보조 간수로 취직합니다. 누구도 새로 온 보조 간수가 여성이라는 것은 알아채지 못했습니다.

'로코'라는 간수의 딸, '마르첼리네'는 피델리오에게 사랑에 빠지기까지 합니다. 피델리오를 향한 연심을 숨기지 못한 마르첼리네는 자신에게 구혼하는 '자키노'를 번번이 무시합니다. 아버지 로코는 마르첼리네가 하루빨리 결혼하기를 바라지만, 피델리오가 좀처럼 반응을 보이지 않자 초조하게 속을 태웁니다.

애만 태우는 딸의 모습을 본 로코는 피델리오에게 권력보다는 돈이 최고라면서 피델리오를 설득하지만, 피델리오(즉, 레오노레)는 남편을 구하는 것이 목적이었기에 미적지근한 반응만 보입니다. 한편 피델리오는 로코에게 지하 감방에 있는 죄수에 대해 슬며시 묻습니다. 피델리오를 설득하려던 로코는 플로레스탄이라는 대역죄인이 지하 감옥의 독방에 수용되어 있다고 털어놓습니다. 피델리오는 속으로는 놀랐지만 애써 태연한 척합니다.

그때, 악질 교도소장 피차로에게 긴급 편지가 도착합니다. 총리대신이 교도소로 시찰을 나온다는 내용이었습니다. 기회주의자 피차로는 총리대신이 오기 전에 정적 플로레스탄을 처형하기로 결심합니다. 그는 로코를 불러 속히 플로레스탄을 처형하라고 지시합니다.

하지만 로코는 피차로의 지시를 거부합니다. 자신이 잔인한 살인자라고 기록될 것이 두려웠기 때문입니다. 이에 화가 난 피차로는 로코에게 지하 감옥에 구덩이 하나를 파놓으라고 명령합니다.

한편, 그들의 대화를 엿듣고 남편의 처형 소식을 알게 된

피델리오는 몹시 당황합니다. 지하 감옥 안에 갇혀 있는 것
은 그녀가 사랑하는 남편임이 분명했기 때문입니다. 그녀는
남편을 찾기 위한 한 가지 묘안을 떠올립니다. 바로 산책이
었습니다.

피델리오는 어두운 방에서만 지낸 죄수들에게 하루만이
라도 햇볕을 쬘 수 있게 해 주자며 로코를 설득합니다. 로코
는 피델리오의 간청에 마음이 약해져 죄수들을 마당에 데
려가도록 허락합니다.

오랜만에 밖으로 나온 죄수들은 잠깐이나마 따사로운
햇볕 아래 자유를 만끽합니다. 그러나 그들 사이에 플로레
스탄은 보이지 않습니다. 한편, 이 소식을 들은 피차로는 당
장 죄수들을 감방에 돌려보내라고 화를 냅니다. 로코는 마지
못해 피델리오와 자키노에게 죄수들을 다시 감방에 가두게
했고, 죄수들은 아쉬워하며 맥없이 감방으로 돌아갑니다.

**O wär ich schon mit dir vereint**

내 님이라고 부를 수 있다면

아, 내가 당신과 이미 결혼했더라면

당신을 남편이라고 부를 수 있을 텐데!

여자는 자기 마음을 절반밖에는

내비칠 수가 없는 거예요

그러나, 뜨거운 키스를 하느라고,

얼굴을 붉히지 않아도 될 때나,

이 세상에서 우릴 방해할 사람이 아무도 없을 땐


이런 희망으로 벌써 내 마음은 뿌듯해져요

형언할 수 없는 달콤한 기쁨과 함께

그렇게만 되면 나는 얼마나 행복할까요!


이런 희망으로 벌써 내 마음은 뿌듯해져요

형언할 수 없는 달콤한 기쁨과 함께

그렇게만 되면 나는 얼마나 행복할까요!

정말 얼마나 행복할까요!


조용한 가정생활의 안락함에서

나는 매일 아침 눈을 뜨게 될 거예요

우린 서로 사랑이 듬뿍 담긴 인사를 나누고,

부지런히 일하면 모든 걱정이 사라지겠죠


그리고 일을 마치면,

아름다운 밤이 어느 틈에 찾아와서,

우린 힘든 일에서 벗어나 휴식을 취하겠죠

## Ha! welch ein Augenblick

아! 얼마나 좋은 기회냐!

그렇다! 얼마나 좋은 기회냐!

복수는 나의 것!

네놈의 운명의 순간이 왔구나!

놈의 심장에 비수를 쑤셔 박는 건,

그 얼마나 기쁘고 행복한 일이겠는가!

놈의 심장에 비수를……

나도 한때는 바닥까지 추락해서

사람들의 조롱을 받으며

큰 타격을 입은 적이 있었지

자, 이제 드디어 그놈을

내 손으로 죽일 기회가 왔다!

이제 기회가 왔다

---

## Komm, Hoffnung

오라, 희망이여

오라, 오 희망이여!

내 지친 몸을 비춰주는

마지막 남은 별빛이……

그러면, 사랑이 나를 그곳으로 데려가 주겠지

나는 마음속의 힘이 시키는 대로 따르리라

또한 절대로 흔들리지 않으리라!

남편을 사랑하는 진실한 마음이

내게 용기를 주고 있으므로!

내 마음은 절대로 흔들리지 않으리라, 절대로


오 그대여, 나는 진실한 사랑을 위해 모든 걸 견뎌왔어요

악당이 당신을 족쇄로 묶어놓고 있는 곳으로

내가 갈 수만 있다면

당신을 따뜻하게 위로할 수가 있을 텐데!

---

### O welche Lust!
오, 이 얼마나 큰 기쁨인가!

오, 이 기쁨이여!

오, 이 기쁨이라니!

숨도 제대로 못 쉬다가 풀려나다니

얼마나 기쁜지 모르겠네!


오, 이 기쁨이여!

여기, 여기에서만이 살아 있는 것을 느끼네

감방은 무덤이야, 무덤이고 말고!

그 시각, 어두컴컴한 지하 감옥에는 상처투성이 플로레스탄이 굶주린 채 쓰러져 있습니다. 힘들게 몸을 일으킨 그는 빛났던 과거를 회상하는 노래를 부르며, 레오노레가 언젠가 자신을 구해 줄 것임을 확신합니다.

노래를 끝마친 플로레스탄은 다시 쓰러져 의식을 잃습니다. 때마침, 로코가 피델리오와 함께 피차로가 지시한 구덩이를 파기 위해 지하로 내려옵니다.

로코와 피델리오가 한창 구덩이를 파고 있을 때, 플로레스탄이 깨어나 저 구덩이가 자신이 죽은 뒤 묻힐 무덤이라는 사실을 알아차립니다. 죽음을 직감한 그는 아내에게 유언을 전하고 싶다고 요청했으나 로코는 교도소장이 허락하지 않는다며 거절합니다.

다만, 죄수가 죽기 전에 마지막으로 포도주와 빵을 주게 해달라는 피델리오의 요청은 받아들입니다. 아직 아내를 알아보지 못한 플로레스탄은 피델리오에게 감사와 축복을 표합니다.

시간이 흐르고 형 집행 시간이 가까워져 옵니다. 호출 소리와 함께 지하 감옥으로 내려온 피차로. 그는 이제 플로레스탄을 죽일 때라며 직접 칼을 빼 들고 플로레스탄을 처형하려고 합니다.

그때, 피델리오가 모자를 벗고 머리를 풀면서 자신이 플로레스탄의 아내 레오노레라고 소리칩니다. 그리곤 "죽이려면 그의 아내부터 먼저 죽이시오!"라고 외치며 남편의 앞을 가로막습니다. 그렇게 플로레스탄과 레오노레는 극적인 재회를 합니다.

피차로는 둘을 모두 죽이겠다며 칼을 휘두르지만, 레오노레가 숨겨놓았던 권총을 뽑아 겨누자 놀라 칼을 떨어뜨립니다. 긴장감이 감도는 순간, 기적처럼 총리대신이 등장합니다. 총리대신이 빠르게 상황을 파악하며 사건의 전말이 밝혀집니다.

악행을 일삼던 피차로는 감옥에 잡혀 들어가고, 총리대신이 플로레스탄의 옛 친구였다는 반가운 사실도 밝혀집니다. 마침내 레오노레와 플로레스탄은 재회의 기쁨을 나누며 듀엣(Duett, 두 명의 가수가 함께 부르는 곡)을 부릅니다. 이들의 하모니에 이어, 죄수들이 부르는 환희의 합창이 울려 퍼지는 가운데 막이 내립니다.

## In des Lebens Frühlingstagen

내 인생의 봄날에

신이시여! 어둠이여!

이곳은 얼마나 어둡고 무시무시한 고요함인가!

주변은 황량하고 텅 빌 뿐

아무것도 살아있지 않다

오, 힘든 시련이여!

그러나 신의 뜻은 공평하다!

원망하지 않는다! 고통의 정도는 신의 몫


내 인생의 봄날에

모든 기쁨이 사라져버렸네

용기를 내어 진실을 말했건만

그 대가가 이 쇠사슬이라니


아무리 힘들어도 모든 고통을 참아내고

불명예스러운 종말을 받아들이리라

의무를 완수했다고 생각하니까

내 마음은 부드럽게 위안받네

부드러운, 부드러운 위안

내 의무, 그래, 내 의무


아니, 내가 부드럽고 살랑거리는 미풍을

느끼고 있는 건 아닐까?

내 무덤이 밝아지고 있는 것은 아닐까?

장미 향기에 둘러싸인 천사가 옆에 서서

나를 위로하는 게 보이네


천사는 내 사랑 레오노레

레오노레같이 보이는구나

그 천사는 자유로운 세상으로,

천국으로 나를 인도해 주는구나!

---

## O namelose Freude

형언할 수 없는 이 기쁨

오, 형언할 수 없는 이 기쁨이여

남편을 안을 수가 있다니!

레오노레의 가슴에 안기다니!


말로는 다할 수 없는 고통 끝에

밀려오는 이 기쁨!


당신을 다시 안을 수가 있다니!

오, 신이시여, 당신의 자비는 얼마나 큰지……

……당신을 다시 안을 수

-　　오, 신이시여, 당신의 자비는


오, 신이시여, 감사합니다

이런 기쁨을 주셔서……

오, 신이시여, 감사합니다

내 남편을, 남편을 내 가슴에……

……내 가슴에 안을 수……

내 아내를, 아내를 내 가슴에 안을 수……

---

### Heil sei dem Tag heil sei der

행복한 날이여, 행복한 순간이여

만세, 만만세, 행복한 날이여!

만세, 행복한 순간이여!

오랫동안 기다려 왔지만, 꿈에도 생각지 못했던

해방의 순간이여, 만세!


정의는 자비와 더불어,

자비와 더불어, 죽음의 문 앞에 나타났네,

우리들의 죽음의 문 앞에 서 있네!

만세! 만만세! 행복한 날이여!

만세! 만세!

가엾은 백성들이여, 나는 지엄하신

국왕폐하의 명으로 여러분을 찾아왔도다

여러분을 오랫동안 뒤덮고 있었던

사악한 밤을 걷어 내어주러 왔노라

더 이상 노예처럼 무릎을 꿇을 필요가 없노라

나는 잔혹한 폭군이 아니니까

나는 여러분의 형제로서 여기에 왔고

할 수 있는 한, 여러분을 돕겠노라


만세, 행복한 날, 만세, 행복한 순간,

만세, 만만세!


오페라 〈피델리오〉는 1805년도 작품으로 베토벤(Ludwig van Beethoven)의 유일한 오페라로 알려져 있습니다. 총 2막으로 이루어진 이 작품을 위해 베토벤은 약 8년을 노력했고, 초연 이후에도 수정을 거듭하여 여러 번 새로 발표했습니다.

베토벤이 "〈피델리오〉를 쓰다 질려 오페라를 그만 두었다."라고 말할 정도로 공들여 작업한 것으로 알려진 이 작품은 베토벤의 음악적 천재성에 따라 전문가들에게 높은 평을 받고 있습니다.

1805년의 초연은 그렇게 큰 성공을 거두지는 못했습니다. 하지만 1814년 공연된 개정본은 초연과 달리 엄청난 업적을 이루었고, 베토벤의 위대함은 누구도 부인할 수 없게 되었습니다.

일부는 〈피델리오〉가 모차르트의 영향을 받은 것으로 보인다고 이야기하지만, 한편으로는 피에르 가보나 페르디난도 파에르의 영향을 받았다고 해석하기도 합니다.

특히 오프스테이지 트럼펫(Offstage trumpet)이라는 유명한 기법이 자주 사용되었는데, 오페라에서 특정한 효과를 위해 트럼펫 연주자가 무대 위의 오케스트라와 함께 연주하지 않고, 무대 뒤에서 따로 연주하는 것을 뜻합니다.

이러한 방식은 오케스트라와 함께 연주할 때보다 소리가 약하게 들려, 영화로 치자면 회상하는 장면에서 사용됩니다. 향수를 불러일으키는 효과가 있으며, 신비롭거나 으스스한 분위기를 만들어 내기도 합니다.

〈피델리오〉의 음악은 끝을 향해가며 더욱 강렬해집니다. 극의 분위기가 고조되며 관객들은 마치 자신이 무대 위에 있는 것처럼 깊이 몰입하게 됩니다. 극에 완전히 빠져든 관객은 레오노레와 플로레스탄의 깊은 사랑을 눈으로, 그리고 귀로 감상할 수 있습니다. 이들의 사랑을 바라보며 피어오르는 열망을 마주해 보세요. 사랑하는 사람에게 손을 뻗어 구원하고 싶다는 열망을요.

### ❧ **Main Music** ❧

피델리오(Fidelio)

Mir ist so wunderbar _나는 너무 기뻐해요

Gott! Welch Dunkel hier! _신이시여! 어두워요, 여기!

Abscheulicher wo eilst du hin _네가 가는 곳은 더 끔찍해

Ha! welch ein Augenblick _아! 얼마나 좋은 기회냐!

Hat man nicht auch Gold _금뿐만이 있는 것이 아니에요

O wär ich schon mit dir vereint _내 님이라고 부를 수 있다면

Komm, Hoffnung _오라, 희망이여

Heil sei dem Tag heil sei der _행복한 날이여, 행복한 순간이여

Wer ein holdes Weib errungen _아름다운 아내를 얻은 자는

In des Lebens Fruhlingstagen _내 인생의 봄날에

Ach Vater eilt _아아, 아버지 서두르세요

**피델리오**의
대표곡을 감상해 보세요.

# 죽음도 극복한
# 불멸의 사랑

: 오르페오와 에우리디체 *Orfeo ed Euridice*

막이 열리자, '오르페오'가 아내 '에우리디체'의 무덤 옆에 쓸쓸하게 서 있습니다. 이를 본 젊은 양치기들은 무덤을 장식한 꽃을 향해 애도를 담은 합창을 부릅니다. 합창을 끝낸 양치기들은 어딘가로 떠나고, 홀로 남은 오르페오는 화답하듯 노래합니다. 아내가 자신의 품으로 다시 돌아오기를 사랑의 신에게 기도하면서요.

처절할 정도로 아름다운 노랫소리를 들은 사랑의 신 '아모르'는 큰 감명을 받아 그에게 아내를 다시 만날 방법을 알려줍니다. 바로 노래의 마력으로 지하세계의 지배자인 '플루토'를 감동시키는 것이었습니다.

아모르는 오르페오에게 이 방법을 일러주며 어떤 일이 있더라도 지상으로 돌아오기 전까지는 아내의 얼굴을 돌아봐서는 안 된다고 당부합니다. 오르페오는 신의 자비에 감사하면서 서둘러 지하세계로 향합니다.

한편, 지하세계의 입구에는 모골이 송연할 만큼 험한 바위가 겹겹이 놓여 있으며 짙은 연기와 불길이 가득합니다. 게다가 지하세계로 내려가기 위해서는 지옥의 문을 지키는 복수의 여신들을 마주해야 했습니다.

오르페오가 에우리디체를 구하기 위해 용기를 내어 나아가자, 복수의 여신들이 나타나 위협적인 무도를 펼칩니다. 오르페오는 그들을 멈추기 위해 리라(고대 그리스의 발현악기)를 꺼내 듭니다.

리라에서 흘러나오는 감미로운 선율에 복수의 여신들은 무도를 멈춥니다. 그런 그를 향해 지하세계를 배회하던 원혼의 무리가 나타나 묻습니다. 어두운 땅에 가까이 와서 죽을 자는 누구냐고요.

소름 끼치는 질문에도 오르페오는 굴하지 않고 정열적인 애원의 연주를 이어갑니다. 그러자 무리는 점차 온건한 태도로 변하며, 그를 동정하기까지 합니다.

죽음의 공포와 괴로움이 있는 곳, 암흑에 뒤덮인 이곳에서 오르페오가 원하는 것이 무엇인지 원혼의 무리는 또 한번 묻습니다. 그는 자신을 괴롭히는 것은 지옥이며, 마음의 불이 지옥의 불로 인해 새빨갛게 달아올랐다고 호소합니다.

그의 호소에 마음이 통한 오르페오와 원혼들은 함께 노래합니다. 지하세계로 가겠다는 그의 힘찬 목소리에 복수의 여신들은 눈물을 흘리며 승리는 그대의 것이라고 외칩니다.


### Chiamo il mio ben cosi

사랑하는 그대 불러보오

내 사랑이여, 그대 어디 있는지요?

그대 성실한 남편 헛되이 그대 불러보오

신께 애원하며 공포와 슬픔을 바람에 뿌리는데

언제나 허사로다!


그래서 내 사랑 찾아 헤매네

그대 죽은 이 슬픈 해변에서

그러나 오직 메아리만 내 슬픔에 답하네

그대는 다시 한번 사랑 알고서


에우리디체! 에우리디체!

우리들의 해변은 알고 있네

나에게서 그 이름 배운 숲과

모든 계곡을 지나 다시 들려주네

나무마다 떨리는 손으로

비참한 오르페오 그 이름 새겼다네

에우리디체는 더 이상 없구나

나는 아직 있지만

신이시여, 만일 그녀가 나에게 돌아올 수 있다면

그럼 내 인생도 함께 데려가 주오


내 사랑에 난 울고 있다오

빛나는 태양이 비추고

바다로 질 때면

내 눈물 넘쳐흘러

개울은 답하리

답하리


마침내 지하세계의 문이 열렸습니다. 문 뒤로 펼쳐진 풍경은 행복한 영혼들이 있는 극락의 벌판입니다. 이곳에서 행복한 영혼들은 흥에 겨워 춤을 춥니다. 모두가 행복한 가운데 계속해서 에우리디체를 찾아 헤매는 오르페오만이 여전히 불행해합니다. 그 모습을 가엾게 여긴 영혼들은 오르페오의 간청을 받아들여 에우리디체를 데려옵니다.

에우리디체의 아름다움을 찬양하는 영혼들의 명랑한 노랫소리가 둘을 감싸고, 오르페오는 사랑하는 아내를 세게 껴안습니다. 지상에 도착할 때까지 얼굴을 보면 안 된다는 아모르의 당부를 기억하고 있었기 때문입니다.


그들은 얼굴을 마주할 틈도 없이 빠르게 지상으로 올라

갑니다. 에우리디체를 데리고 바위와 초목이 흩어진 어둡고 습기 찬 곳까지 도달한 오르페오. 그러나 뒤따라오던 에우리디체는 자신의 얼굴을 한 번도 보지 않는 남편의 냉정한 태도를 의심합니다.

그녀는 자신의 얼굴이 흉하게 변해버려서 보지 않는 것이냐고 질문합니다. 놀란 오르페오가 사실을 털어놓지만, 에우리디체는 의심을 풀지 못합니다. 사랑이 식었다고 오해한 그녀는 다시 지하세계로 돌아가겠다며 작별 인사를 합니다.

서로 떨어져 등지고 있던 두 사람은 결국 마주 봅니다. 아내의 호소에 참지 못한 오르페오가 뒤를 돌아본 거죠. 순간, 에우리디체는 "위대하신 신이여. 나는 정신이 희미해진다. 나는 죽는다."라고 외치며 쓰러집니다.

다시 아내를 잃은 오르페오는 비통함에 스스로 죽음을 선택하려 합니다. 그러자 사랑의 신, 아모르가 나타나 그에게서 무기를 빼앗고 그의 죽음을 만류합니다. 아모르가 그를 위로하며 에우리디체의 몸에 지팡이를 대자 그녀는 잠에서 깨어나듯 일어납니다.

오르페오와 에우리디체는 뜨거운 포옹을 하며, 사랑의 신에게 감사를 표합니다. 사랑의 신은 두 사람을 지상으로 인도합니다. 지상의 양치기들은 두 사람의 소생을 축하하며 경쾌한 음악에 맞춰 발레를 선보입니다. 오르페오는 사랑의

신을 찬미하는 노래를 드높이 부르고 이에 화답하는 합창
이 절정에 이르며 이야기는 끝이 납니다.

### Che puro ciel
아름다운 하늘이여

아름다운 태양이여!
이 새로운 빛은 무엇인가요!


아름다운 가수들의 달콤한 유혹의 소리가
이 계곡에 울려 퍼집니다!
바람의 속삭임,
시냇물의 속삭임은
영원한 안식을 권유합니다
하지만 이 평온으로는
행복하지 않아요!


오직 에우리디체, 당신만이
내 괴로운 마음을 위로해 줄 수 있어요
달콤한 소리, 사랑스러운 눈빛, 웃음
그것들이 내가 바라는 최고의 행복입니다

〈오르페오와 에우리디체〉는 죽음도 갈라놓지 못한 진정한 사랑을 보여줍니다. 지상과 지하세계의 까마득한 거리, 험난한 지형의 지하세계 입구, 전쟁의 신들의 거친 무도와 원혼들의 울부짖음, 극락에서 행복한 영혼으로 살아갈 기회, 아내의 의심과 반복된 죽음까지. 끝없이 펼쳐지는 고난에도 오르페오는 에우리디체의 손을 놓지 않았습니다.

오페라의 시초로도 알려진 이 작품은 지금까지도 많은 관객에게 사랑받으며 그 명맥을 유지하고 있습니다. 헌신적이며 한결같은 오르페오의 사랑 이야기가 시대와 세대를 막론하는 공감을 이끌기 때문입니다.

반면, 오페라의 형식은 상당히 독특합니다. 작곡가인 글루크(Christoph Willibald Gluck)는 사랑이라는 보편적인 주제를 다루는 대신 형식에서 차별성을 주었습니다. 글루크가 선택한 방식은 개혁이라고 여겨질 정도로 기존 오페라들과 달랐는데, 핵심은 극과 음악이 자연스럽게 어우러지는 것이었습니다.

이를 위해 글루크는 극의 흐름을 방해하는 무용이나 성악의 기교적인 선율을 배제하고 레치타티보(Recitative, 대사 내용에 중점을 둔 서창)와 아리아의 기계적인 순환을 중단하였습니다. 그리고는 오페라 세리아(Opera seria, 그리스 신화나 고대의 영웅담을 제재로 한 엄숙하고 비극적인 이탈리아 오페라)에서 무시되었던 합창과 발레 음악을 삽입하면서 자연스럽고 아름다운 오페라를 탄생시켰습니다.

이러한 독특한 형식은 어렵게 여겨지던 신화를 관객들이 한층 쉽게 받아들일 수 있도록 해 주었습니다.

오페라 〈오르페오와 에우리디체〉만의 독특함과 다채로움을 즐기다 보면, 관객들은 어느새 오르페오의 마음에 동화되어 강력한 사랑의 힘을 지지하게 될 것입니다. 죽음도 극복하는 불멸의 사랑의 힘을요.

### ♫ Main Music ♫

오르페오와 에우리디체(Orfeo ed Euridice)

Che faro senza Euridice _에우리디체 없이 내가 어떡하랴

Che puro ciel _아름다운 하늘이여

Addio o miei sospiri _안녕, 나의 한숨들

Gli sguardi trattieni _눈빛을 억누르세요

Che fiero momento _어두운 순간

Ahime! dove trascorsi _아아! 어디로 나아갔던지

Laissez vous toucher par mes pleurs _내 눈물로 마음을 누르게 하세요

L'amour triomphe _사랑이 승리하네요

Chiamo il mio ben cosi _사랑하는 그대 불러보오

Fortune ennemie _불운한 운명

Qual vita e questa mai _이런 생명이 어찌 되겠느냐

Deh! placatevi con me _어서 나와 함께 진정해요

**오르페오와 에우리디체**의
대표곡을 감상해 보세요.

# 긴 기다림이 빚어낸
# 고결한 사랑

: 율리시스의 귀환 *Il ritorno d'Ulisse in patria*

트로이 전쟁 이후 그리스 이타카 섬. 오페라가 시작되면 '페넬로페'의 울음 섞인 노래가 들려옵니다. 외로움 속에서 남편을 기다리는 페넬로페가 울고 있습니다.

페넬로페 곁에는 구혼자들이 가득합니다. 왕비인 페넬로페와 결혼하면 권력을 얻을 수 있기 때문이었습니다. 106명의 젊은 귀족들이 '율리시스'의 왕좌를 노리며 페넬로페에게 끊임없이 구혼합니다. 그들의 경쟁은 날이 갈수록 치열해지고 있었습니다.

한편, 그녀의 남편 율리시스는 이타카 섬으로의 귀환에 번번이 실패합니다. 바다의 신 '네투노'의 아들을 죽여 원한을 샀기 때문이었습니다.

이를 안타깝게 여긴 그리스 선원들은 율리시스의 귀환을 돕기 위해 힘을 합칩니다. 그러자 네투노는 그를 도와주던 선원들마저 바다의 바위로 만들어버립니다.

이 모습을 지켜본 지혜의 여신 '미네르바'는 거지로 변장해 율리시스에게 나타납니다. 그리곤 이타카 섬으로 돌아가라고 조언합니다. 미네르바는 신들의 아버지 '지오베' 신에게 청원하여 오랫동안 율리시스를 괴롭혀 온 바다의 신으로부터 자비를 얻어냅니다.

### Di misera regina
비참한 여왕

비참한 여왕

나는 비참한 고통의 심연에 떨어진 것일까?

오, 신의 도움을 청하오!

아아! 도움을 청하오, 도움을 청하오!


불신스러운 배반자들의 합창,

운명에 쫓기고 나를 버렸다

고통과 죽음을 느끼며, 악한 파도를 느끼며,

나의 잔인한 열정의 파도는 울게 만든다

아아! 아아!

나는 어디로 갈 수 있을까?

오, 신이시여!

나의 고통은 너무나 깊어서

도움을 청하지 않는다

사랑하는 아내여, 오, 신이시여!

애처로운 남편인 나를

이렇게 혼자 남겨두고 가나요?

오, 나를 버리지 말아주오

운명과 삶에 반항하는 나는,

아아! 아아!

나는 어디로 갈 수 있을까?

오, 신이시여!

나의 고통은 너무나 깊어서

도움을 청하지 않는다


비참한 여왕

나는 비참한 고통의 심연에 떨어진 것일까?

오, 신의 도움을 청하오!

아아! 도움을 청하오, 도움을 청하오!

---

## O per me lieto
### 나를 위해 기쁨으로

당신을 위해 기쁨으로 가득 찬 나의 마음 노래하네

율리시스여, 당신의 귀환을 기다리며

나의 마음 기쁨으로 넘쳐 흐르네

내 사랑 나의 희망

당신의 귀환을 기다리며

기쁨의 노래를 부르며 재회를 기다립니다

그대의 귀환 간절히 기다리는 나의 마음

기쁨과 사랑을 담은 노래로 당신 맞이하리


율리시스는 미네르바 여신의 도움으로 마침내 이타카 섬에 돌아옵니다. 그러나 율리시스는 누구도 자신을 알아보지 못하도록 거지로 변장한 채 양치기 '에우메테'를 찾아갑니다. 페넬로페조차 율리시스가 돌아왔다는 사실을 알지 못했습니다.

에우메테는 율리시스가 신뢰하는 최후의 충복이었지만, 그는 에우메테에게도 자신의 정체를 밝히지 않고 율리시스가 돌아올 것이라는 사실만을 알립니다. 그러자 에우메테는 매우 기뻐하여 이를 왕실에 알립니다.


소식을 들은 구혼자들은 공포에 떨며 페넬로페에게 서둘러 구혼자 중 한 사람을 선택해 남편으로 맞으라고 요구합니다. 동시에 혼인을 반대하는 페넬로페의 아들 '텔레마코'를 암살할 계획을 세웁니다.

미네르바 여신은 구혼자들의 모략을 율리시스에게 알려 주며, 곧 열릴 경연대회에 참가하라고 합니다. 그리고는 페넬로페에게 찾아가 경연대회를 열어 구혼자들끼리 활시위를 당기며 겨루게 하면 난처한 상황에서 벗어날 수 있다고 조 언합니다.

미네르바의 조언에 페넬로페는 구혼자들에게 율리시스 의 왕위를 계승할 자는 오직 비치된 활의 활시위를 당길 수 있는 자뿐이라고 선언합니다.

권력을 차지할 절호의 기회라고 생각한 구혼자들은 환희 의 노래를 부르며 너도나도 경연대회에 도전합니다.

결전의 날, 율리시스는 아들 텔레마코에게 자신의 정체 를 밝히고 활시위를 당깁니다. 꿈쩍도 하지 않던 활시위는 그의 손에서만 움직였고, 활시위를 당기지 못한 구혼자들은 모두 죽임을 당했습니다.

경연은 끝났지만, 페넬로페는 여전히 율리시스를 알아보 지 못했습니다. 그러자 에우메테와 텔레마코는 거지 행색을 한 사내가 율리시스라고 사실을 밝힙니다.

페넬로페가 그들의 말을 믿지 못하자 율리시스는 자신을 증명하기 위해 발에 있는 흉터를 그녀에게 보여줍니다. 그러 나 페넬로페는 여전히 모든 것이 신들의 장난이라고 생각하 며 믿지 않습니다.

율리시스는 결국 두 사람만의 비밀인, 결혼식 날 사용했던 침대보의 문양을 이야기합니다. 페넬로페는 마침내 율리시스를 알아보고 두 사람은 뜨거운 포옹을 나눕니다.

### Deh, se piacer mi vuoi

내 사랑을 원한다면

아, 만약 내가 당신을 기쁘게 할 수 있다면,

이 지친 눈을 받아주세요

이 달콤한 애환을 받아주세요

절대 거짓이 아닙니다


원한다면, 내 마음을 가지세요

내 마음은 절대 거짓이 아닙니다


나는 페넬로페입니다

믿음을 지킨 우리 남편 율리시스,

나는 그를 아직까지 사랑하며

나는 그를 기다리고 있습니다

### Ulisse generoso!

관대한 율리시스!

이 영광스러운 모험,

사람들의 마음을 사로잡고 도시를 태웠다

하지만 아마도 화난 하늘이

트로이의 왕국이 무너지는 것을 보며

네 생명을 원한 것일지도 모르겠다

그 분노의 희생자로서

클라우디오 몬테베르디(Claudio Monteverdi)가 작곡한 〈율리시스의 귀환〉은 오늘날 오페라의 기초를 만들었다고 알려졌습니다.

여러 나라에서 꾸준히 공연되고 있는 이 오페라의 줄거리는 소설과 영화로 수없이 재현된 '오디세이' 이야기를 바탕으로 합니다. 그러나 '오디세이' 이야기와 달리, 오페라에서는 율리시스를 하염없이 기다리는 페넬로페의 고결함과 정숙함에 초점을 맞추고 있습니다. 페넬로페의 인내가 보상받는 순간, 관객들에게 더 큰 감동을 주기 위해서입니다.

이야기의 본론이 시작되기 전, 프롤로그에서는 시간, 행운, 사랑의 신이 나타납니다. 그들은 인간은 연약한 존재라고 주장하며 마음만 먹으면 인간의 운명을 휘두를 수 있다고 덧붙입니다.

페넬로페가 멀리 떠난 남편 율리시스를 기다리고 있더라도, 끝내 마음을 굽혀 다른 사람과 결혼하게 될 것을 예언한 것입니다. 그러나, 인간은 "인간은 약하지만 사랑은 강하다."라며 신들의 예언을 받아들이지 않습니다.

그리고 마침내 연약한 존재로 여겨지던 인간의 예상이 맞아떨어집니다. 인간의 연약함에도 불구하고 사랑의 힘을 노래하는 모습은 관객들의 감동에 한층 깊이를 더해 줍니다.

관객은 신이 아닌 인간의 시선으로 극을 바라봅니다. 연약한 인간의 위치에서 몰입하고 공감하며 율리시스와 페넬로페의 재회를 지켜보게 됩니다. 그리고 두 사람의 사랑이 아름다운 결말을 맞는 순간, 인간은 약하지만 사랑은 강하다는 믿음이 마음에 새겨집니다. 이러한 믿음은 관객들의 마음을 두드려 사랑을 위해 인내하는 힘을 안겨줄 것입니다.

## ❧ **Main Music** ❧

율리시스의 귀환(Il ritorno d'Ulisse in patria)

Di misera regina _비참한 여왕

Duri e penosi _까다롭고 고된

Sinfonia _심포니아

Superbo e l'huom _인간은 거만하네요

In questo basso mondo _이 낮은 세상에서

Dormo ancora _아직도 자고 있어요

Cara e lieta gioventu _사랑스럽고 기쁜 청춘

Tu d'Aretusa al fonte _아레투사의 샘물에 있는 당신

Donata un giorno _어느 날 선물로

Oh come mal si salva _어떻게 그리 어렵게 구원받을까요

Pastor d'armenti puo _양치기는 목축을 돌볼 수 있어요

Ulisse generoso! _관대한 율리시스!

**율리시스의 귀환**의
대표곡을 감상해 보세요.

# 약혼자를 구하기 위한
# 용사의 분투기

: 리날도 *Rinaldo*

때는 1096년부터 1099년까지 이어진 제1차 십자군 전쟁의 시기. '고프레도' 장군이 이끄는 십자군 군대는 사라센의 왕 '아르간테'가 머무르던 예루살렘 요새에 주둔하고 있었습니다. 용사 '리날도'도 그들과 함께였는데, 그는 고프레도의 딸 '알미레나'와 결혼을 약속한 사이였습니다.

예루살렘 요새 밖 십자군 진영에서 고프레도와 대화를 나누던 리날도는 아르간테로부터 예루살렘을 탈환하게 되면 알미레나와 결혼하게 해달라고 요구합니다. 그러자 알미레나는 리날도에게 용감히 싸우며 사랑을 생각하느라 정신을 빼앗기지 말라고 당부합니다.

이때, 병사가 달려와 아르간테 왕의 등장을 알립니다. 아르간테 왕은 당당하게 성문으로 들어와 고프레도에게 3일 간의 휴전을 요청합니다. 고심하던 고프레도는 결국 그의 요청을 받아들입니다.

그렇게 찾아온 3일간의 휴전. 협상을 마치고 홀로 남은 아르간테 왕은 그의 첩인 '아르미다'를 불러들입니다. 마술사이자 다마스쿠스의 여왕이기도 했던 아르미다는 용이 이끄는 전차를 타고 나타나 예언합니다. 그들의 승리는 리날도를 십자군 진영에서 이탈시키는 것에 달려 있다고요.

그러자 아르간테 왕은 그녀의 마법을 이용해 리날도를 십자군 진영에서 떨어뜨리기 위한 계획을 세웁니다.

한편, 알미레나는 형형색색의 열매로 가득 찬 아름다운 정원에서 새들의 노래를 듣고 있습니다. 그 모습을 본 리날도는 감탄하며 사랑을 맹세합니다. 리날도의 맹세에 감동한 알미레나 역시 사랑을 약속합니다.

그 순간, 갑작스럽게 아르미다가 등장합니다. 그녀는 불을 뿜는 괴물이 득실거리는 구름 표면 아래로 알미레나를 납치합니다. 이후 고프레도가 뒤늦게 자신의 형제 '에우스타지오'를 데리고 나타나자, 리날도는 그들에게 무슨 일이 일어났는지 설명합니다.

상황을 파악한 에우스타지오는 저 멀리 산에 사는 마술사에게 도움을 구하자고 제안합니다. 리날도와 고프레도는 에우스타지오의 제안에 따르기로 합니다.

은둔 중인 마술사가 사는 곳으로 떠날 준비를 마친 세

사람. 광대하게 펼쳐진 바다를 보며 리날도와 고프레도는 가야 할 길이 너무 멀다고 한탄합니다. 에우스타지오는 금방 도착할 것이라며 그들을 타이릅니다.

하지만 사랑하는 알미레나를 구하려는 마음만 앞선 리날도를 설득하기에는 역부족이었습니다. 그는 사랑에 대한 생각으로 정신을 다른 곳에 팔지 말라는 알미레나의 경고를 무시하고, 아르미다가 그를 유인하기 위해 보낸 '사이렌'을 따라갑니다. 사이렌이 리날도를 알미레나에게 데려다주겠다고 약속했기 때문이었습니다.

### Ogni indugio d'un amante
연인에게 모든 기다림은

연인에게 모든 기다림은
가혹하고 잔인한 고통이다
두려움은 통렬한 타격이며
그녀와 함께한다는 희망을 경시하는 것
지금 그것을 내 영혼이 체험하고 있네
연인에게 모든 기다림은……

## Or la tromba in suon festante

축제의 나팔 소리가

이제 축제의 나팔 소리가

나를 다시 부른다 승리를 향해

용사로서 그리고 연인으로서

영광과 사랑이 나를 기쁘게 하기 원하네

이제 축제의 나팔 소리가……

---

## Venti, turbini, prestate

바람아, 회오리바람아

바람아, 회오리바람아, 빌려주렴

너희들의 날개를 나에게!

하늘이여, 신이여, 이 팔을 무장해 주오

나에게 고통을 준 세력에 대항하도록!

바람아, 회오리바람아, 빌려주렴……

---

## Cara sposa, amante cara

사랑하는 신부여

사랑스러운 아내여, 사랑스러운 연인이여,

당신은 어디에 있는가?

아, 그대를 위해 우는 자에게 돌아와 주오!

제단 위의 지옥의 악마여,

분노의 얼굴로 나는 당신에게 도전한다

오, 사악한 정령이여


사랑스러운 아내여, 사랑스러운 연인이여

---

**Cor ingrato, ti rammembri**
배은망덕한 마음아, 너는 생각나니

배은망덕한 마음아, 너는 생각나니

그리고 고통으로 부서지지 않느냐?

그러나 어리석은 무감각이여


너를 깨운다 나의 분노가!

배은망덕한 마음아, 너는 생각나니


아르미다의 요술 정원 안에 갇힌 알미레나는 슬퍼하며 눈물을 흘립니다. 그런 알미레나를 보며 아르간테 왕은 마음속에 피어나는 열망을 느낍니다. 아르간테 왕이 알미레나에게 다가가 말을 걸자 알미레나는 그저 자유를 원할 뿐이라고 대답합니다.

한편, 알미레나의 상황을 알 수 없는 리날도는 아르미다와 맞서 싸우며 알미레나를 돌려 달라고 요구합니다. 그런 리날도의 모습에 반한 아르미다는 그에게 자신을 바치겠다고 이야기합니다. 하지만 리날도는 그녀를 받아들이지 않습니다.

분노한 아르미다는 알미레나의 모습으로 변신하여 그를 유혹합니다. 사랑하는 알미레나가 눈앞에 나타나자 리날도도 처음에는 속아 넘어갑니다. 그러나 이내 가짜임을 눈치챈 그는 아르미다에게 화를 내고 그녀를 뿌리칩니다. 아르미다는 리날도를 향한 자신의 갈망과 그의 거절에 대한 분노 사이에서 괴로워합니다.

아르미다가 변장했다는 사실을 알지 못했던 아르간테 왕은 아르미다에게 알미레나를 향한 마음을 들키고 말죠.

곧 아르미다는 원래 모습으로 돌아오고, 둘의 동맹은 끝나게 됩니다. 아르간테 왕에게 큰 배신감을 느낀 그녀는 그를 향한 복수를 결심합니다.

고프레도와 에우스타지오는 은둔 마술사를 찾는 데 성공했습니다. 마술사는 그들에게 리날도와 알미레나는 아르미다의 궁전에 갇혀 있다고 알려주며 마술 지팡이를 건넵니다.

높은 장벽이 있는 무시무시한 산 정상에 위치한 아르미다의 궁전에 들어가기 위해서는 주술을 깰 수 있는 마법의 힘이 필요하기 때문이었습니다.

　마술 지팡이를 얻은 그들이 궁전에 도착하기도 전에, 알
미레나는 아르미다의 손에 죽을 위기에 처하게 됩니다. 아르
미다가 그녀를 찌르려는 순간, 리날도가 나타나 이를 막습
니다. 아르미다는 알미레나를 제거하기 위해 그를 마구 공
격합니다.
　그런 리날도를 고프레도와 에우스타지오가 마술 지팡이
로 정원을 파괴하고 들어와 구조합니다. 수세에 밀린 아르미
다는 도망치고, 정원은 예루살렘 바깥의 평지로 바뀝니다.
리날도와 동료들은 다시 합류합니다.

　이후 서로 대적하던 아르미다와 아르간테는 기독교인들
에게 복수하기 위해 화해합니다. 그들은 사라센 군대를 이
끌고 십자군 군대와 결전을 벌입니다.
　결과는 리날도가 이끄는 십자군의 승리였습니다. 아르미
다와 아르간테는 붙잡히고, 리날도와 알미레나는 고프레도
에게 결혼을 허락받습니다.

　전투에 패배하고 예루살렘을 빼앗긴 아르미다는 기독교
의 신이 자신의 신보다 막강하다는 것을 깨닫고 자신의 마
법 지팡이를 부러트립니다. 그리곤 아르간테와 함께 기독교
를 따르기로 합니다.

# Lascia ch'io pianga

나를 울게 하소서

나를 울게 하소서

비참한 나의 운명!

나에게 자유를 주소서

나를 울게 하소서

비참한 나의 운명!

나에게 자유를 주소서


이 슬픔으로 고통의 사슬을 끊게 하소서

주여, 불쌍히 여기소서

나를 울게 하소서

비참한 나의 운명!

나에게 자유를 주소서

나에게 자유를 주소서

나를 울게 하소서

비참한 나의 운명!

나에게 자유를 주소서


아르미다, 무정한 자, 그 심오한 힘으로

내게서 앗아가 내 모든 것은 이제 영원한 고통

지옥의 형벌 다만 내게 남았네

주여! 아! 자비를, 울게 버려두오

울게 버려두오 슬픈 운명에

나 한숨짓네 자유 위해

나 한숨짓네 나 한숨짓네 자유 위해

울게 버려두오 슬픈 운명에

나 한숨짓네 나 한숨짓네 자유 위해

---

### Bel piacere

아름다운 쾌락은

아름다운 쾌락은

즐기는 것

성실한 사랑이여!

이것이 마음을 만족하게 한다

강건함만을 존중한다

영광은, 감사하는 마음에서 생긴다

아름다운 쾌락은

오페라 〈리날도〉는 동화 같은 내용과 다소 황당한 결말에도 정기적으로 공연되고 있습니다. 이는 〈리날도〉에 세계적인 인기를 누리는 라르고 '나를 울게 하소서(Lascia Ch'io Pianga)'가 등장하기 때문입니다.

라르고(Largo)는 곡의 빠르기가 아주 느린 속도라는 뜻으로, 헨델(George Frideric Handel)이 작곡한 오페라에 자주 등장하는 형식입니다.

게다가 〈리날도〉는 헨델이 런던 무대를 위해 특별히 작곡한 첫 번째 이탈리아어 오페라입니다. 하지만 뛰어난 여느 예술 작품들처럼, 처음에는 크게 주목받지 못했습니다. 당시 영국에서 극 전체가 노래로 구성된 오페라는 익숙하지 않은 장르였기 때문입니다.

낯설다는 이유로 약 200년 동안 외면받았던 이 작품은 1970년대를 시작으로 다시 공연되기 시작했습니다. 특히 '나를 울게 하소서(Lascia Ch'io Pianga)'가 큰 명성을 얻으며 오페라를 널리 알리는 역할을 했습니다.

〈리날도〉는 '마법의 성에 갇힌 공주를 구하러 가는 왕자'라는 이해하기 쉬운 줄거리로 구성되어 있습니다. 그래서 관객들은 집중하여 오페라를 관람할 수 있습니다. 이러한 특징 덕분에 〈리날도〉는 아이들을 위한, 혹은 오페라 입문을 위한 작품으로 많이 추천됩니다.

아주 느린 라르고 박자에 집중하며 라르고의 짙은 호소력을 온몸으로 감상하다 보면, 관객들은 동화 같은 이야기에 푹 빠져들어 감화될 것입니다. 그리곤 어느새 자신도 모르게 벅찬 눈물을 흘리고 있을지도 모릅니다.

## ❧ **Main Music** ❧

리날도(Rinaldo)

Lascia ch'io pianga _나를 울게 하소서

Cara sposa, amante cara _사랑하는 신부여

Venti, turbini, prestate _바람아, 회오리바람아

Or la tromba in suon festante _축제의 나팔 소리가

Vo' far guerra _나는 전쟁을 벌일 거예요

Sibillar gli angui d'Aletto _알레토의 뱀들을 속삭이다

Augelletti che cantate _노래하는 작은 새들이여

Cor ingrato, ti rammembri _배은망덕한 마음아, 너는 생각나니

Bel piacere _아름다운 쾌락은

Teco lo guida al campo _당신과 함께 전장을 지키러 가요

리날도의
대표곡을 감상해 보세요.

# 신에게 제물 대신 바친 사랑

: 이도메네오 *Idomeneo*

기원전 1200년경 크레테 왕국. 궁전의 한쪽에서 '일리아'가 아버지 '프리암' 왕과 오빠들의 죽음을 애통해하고 있습니다.

일리아의 아버지와 오빠들은 트로이 전쟁 중에 그리스 군에게 죽음을 맞았습니다. 일리아는 트로이 공격에 앞장선 '이도메네오' 왕을 증오했지만, 그의 아들인 '이다만테'를 사랑하게 됩니다. 이다만테가 생명의 은인이기 때문입니다.

트로이 전쟁에서 승리한 이도메네오 왕은 트로이의 포로들을 데리고 조국 크레테로 돌아옵니다. 포로 중에는 일리아 공주도 포함되어 있었습니다.

그런데 일리아가 탄 배가 크레테 섬 근처에서 폭풍을 만나 난파되고 맙니다. 일리아는 죽음의 위기를 맞습니다. 그런 일리아를 크레테 섬으로 돌아오는 아버지를 마중 나왔던 이다만테가 발견해 구해 줍니다.

둘은 첫눈에 서로에게 반합니다. 아직 크레테로 돌아오지 않은 이도메네오 왕을 대신해 왕국을 통치하던 이다만테는 일리아에게 사랑을 고백합니다.

그러나 일리아는 트로이의 공주이자 죽은 프리암 왕의 딸로서, 적국 크레테의 왕자 이다만테의 사랑을 받아들일수 없었습니다. 일리아는 괴로워하며 노래합니다.

그 모습을 본 이다만테는 일리아를 위로하기 위해 트로이 포로들을 모두 석방합니다. 자유를 얻은 트로이 포로들은 크레테 백성들과 함께 새로 찾은 평화를 기뻐합니다.

한편, 포로 석방 소식을 들은 아르고스 공주 '엘레트라'는 경악하며 이다만테를 맹렬히 비난합니다. 그녀는 트로이 포로들을 풀어주는 것이 그리스 전체를 욕되게 하는 행동이라며 화를 내지만 이다만테는 아랑곳하지 않습니다.

그때, 이도메네오 왕의 자문관이자 충복인 '아르바체'가 비통한 표정으로 들어옵니다. 그는 왕이 타고 있던 배가 폭풍으로 파선되어 왕이 바다에 빠져 익사했다는 소식을 전합니다. 절망한 이다만테는 황급히 바닷가로 떠나고, 일리아 역시 그를 가엾게 여기며 자리를 뜹니다.

홀로 남은 엘레트라는 격렬한 분노에 휩싸입니다. 이다만테가 왕이 되면 자신을 버려두고 일리아와 결혼할 것이기 때문입니다. 제국의 공주인 자신이 패전국 노예 따위에게 연인을 빼앗겼다는 생각에 자존심이 상한 그녀는 복수를 다짐합니다.

거센 파도가 몰아치는 바닷가의 난파한 배에서 살아남은 선원들이 해변으로 기어 올라가고 있습니다. 그들은 신에게 자비를 보여달라고 간청합니다.

그러자 폭풍은 점차 사그라들고 잠잠해진 해변으로 누군가 기어 올라옵니다. 바로 이도메네오였습니다. 그는 폭풍 속에서 죽기 직전, 바다의 신 '네투노'와 한가지 약속을 합니다. 살아서 육지에 발을 딛게 된다면 처음 만나는 사람을 바다의 신에게 감사의 제물로 바치겠다는 약속이었습니다.

그렇게 목숨을 건진 이도메네오는 멀리서 걸어오는 사람을 발견합니다. 그는 다름 아닌 자신의 아들 이다만테였습니다. 이도메네오는 육지에서 처음 만난 사람이 이다만테라는 사실에 매우 놀랍니다.

아들을 제물로 바쳐야 한다는 두려움에 잡힌 그는 황급히 자리를 피해버립니다. 이다만테는 해변에서 아버지를 만나 기뻐했으나 그가 도망쳐버리자 혼란스러워합니다.

## Padre, germani, addio!

아버지여, 형제들이여, 안녕!

아버지여, 형제들이여, 안녕!

그들은 모두 나를 떠나 버렸네

그리스와의 전투에 패배하여

그러니 어찌 내가 그리스인을 사랑할 수 있을까?


나는 죄인이야

부모 형제를 버린 죄

그러나 나도 나 자신을 어찌할 수 없네

오 신이시여, 이다만테를 미워할 수 있도록 해 주소서

---

## Godiam la pace

오, 평화를 만끽하자

오, 평화를 만끽하자

승리를 축하하자

이제 모든 사람이

행복하리


위대한 이다만테 덕분에

전쟁의 불길이 꺼졌네

이제 모든 지상에

평화가 있으리


평화를 만끽하자

---

### Pieta! Numi, Pieta!
오 신이여, 자비를!

오 신이여, 자비를!

오 도와주소서!

우리를 지켜봐 주소서!


오 신이여, 자비를!

하늘과 바다와 바람이

우리를 두려움에 떨게 하는구나


오 신이여, 자비를!

무자비한 운명이 우리를 위협하네

우리를 죽음으로 몰아넣고 있네

---

### ll padre adorato
나의 사랑하는 아버지

나의 사랑하는 아버지

다시 찾았으나, 또다시 잃어버렸네

그는 나를 나무라고 떠나 버렸어

두려움에 떨면서


난 기쁨과 사랑으로

죽을 것만 같았는데

오 잔인한 신이시여

이제 비탄으로 나를 죽이는구나


이도메네오는 충복 아르바체에게 이다만테를 제물로 바치지 않을 방법을 묻습니다. 아르바체는 이다만테를 멀리 귀양보내고 다른 사람을 대신 제물로 바치라고 제안합니다.

이도메네오는 엘레트라를 그녀의 나라인 아르고스로 돌려보내면서 이다만테도 함께 떠나게 할 계획을 세웁니다. 그리곤 일리아를 만나 따뜻하게 위로합니다.

그러자 모든 것을 잃은 처지의 일리아는 이도메네오에게 크레테를 새로운 조국으로 삼아 살아가겠다고 말합니다. 이도메네오는 일리아의 사랑에 감탄하며 이다만테와 일리아의 사랑이 신들로 인해 희생당하고 있다고 여기게 됩니다.

반면, 엘레트라는 이다만테가 자신과 함께 떠난다는 소

식을 듣고 기뻐합니다. 그녀는 일라이에게 빼앗겼던 이다만테의 사랑을 자기의 것으로 만들 수 있다는 희망을 품습니다.

마침내 엘레트라와 이다만테가 떠나게 된 날. 돌연 바다에서 크고 무서운 괴물이 솟구쳐 그들의 길을 막습니다. 바다의 신 네투노가 분노했다는 징조였습니다.

사람들은 두려움에 떨며 신에게 죄를 지은 자를 찾기 시작합니다. 이도메네오는 자기가 바다의 신에게 했던 약속 때문에 괴물이 나타났다고는 차마 털어놓지 못합니다. 대신 신들이 화가 난 것이 자기 때문이라고만 밝힙니다.

이다만테는 아르고스로 떠나기 전에 괴물과 맞서 싸우겠다고 선언합니다. 일라이는 크레테를 위해 목숨을 걸고 싸우려는 이다만테를 보고 그를 향한 사랑이 진심임을 확신합니다.

하지만 이도메네오는 이다만테에게 어서 크레테를 떠나라고 다시 한번 명령합니다. 크레테를 떠나야만 하는 이다만테와 아들 이다만테를 떠나보내야만 하는 이도메네오는 슬픔을 감추지 못합니다.

그러자 아르바체가 나타나 전합니다. 크레테의 백성들은 이도메네오 왕이 괴물로부터 자신들을 구해 주기를 기다리고 있다고요.

대제사장 역시 괴물로 인한 피해를 짚어주며 신들의 노여움을 진정시키기 위한 제물을 결정해, 이름을 발표하라고 요청합니다. 그제야 이도메네오는 아들 이다만테가 제물인 것을 밝힙니다.

사실을 알게 된 백성들은 충격을 받지만 덕이 높은 승려와 이도메네오는 신들과의 약속을 지키기 위해 제사를 준비합니다. 그러던 중, 이다만테가 바다의 괴물을 처치했다는 소식이 전해집니다. 그러나 이도메네오는 크레테의 평화에 감사하기 위해서라며, 제사를 계속 진행하도록 지시합니다.

여전히 누군가를 제물로 바쳐야 하는 상황. 일리아는 이다만테 대신 제물이 되겠다고 자진합니다. 하지만 이도메네오는 신과의 약속은 성스러운 것이며, 바다의 신이 다시 재앙을 내릴 것을 염려해 이다만테를 제물로 바치기로 합니다.

그때, 하늘에서 신들의 제왕 '주피터'의 음성이 들려옵니다. 이도메네오가 아들 이다만테와 일리아에게 왕관을 넘겨준다면 신들은 만족하겠다는 내용이었습니다.

신들의 은총에 모두가 기뻐하는 가운데, 엘레트라만이 기뻐하지 않습니다. 엘레트라는 그저 죽고만 싶은 심정에 그 자리에서 정신을 잃고 쓰러집니다.

이도메네오는 왕관을 넘겨줄 것을 선언하며 아들 이다만테와 트로이의 공주 일리아의 맺어짐을 축복합니다. 백성들

은 사랑의 신과 결혼의 신을 부르며 두 왕가의 결합으로 찾
아온 평화에 환호합니다.


### Fuor del mar
바다에서 살아 돌아왔으나

비록 폭풍우 치는 바다에서 살아 돌아왔으나

지금 내 앞에 더한 고통이 있네

네투노는 결코 그의 위협을

늦추려 하지 않을 텐데


가차 없는 신이시여! 말해 주소서

나의 배가 파손되기 직전에

어떤 잔인한 목적으로

나를 구했는지?

비록 폭풍우 치는 바다에서 살아 돌아왔으나


### Qual nuovo terrore!
이 무슨 변고인가!

오 이 무슨 변고인가?

이 무슨 무서운 포효인가?

신의 노여움이

바다를 뒤집는구나

네투노여, 부디 자비를!


네투노의

무서운 적의와 분노로구나!

하늘을 이토록 노엽게 한

우리의 죄가 과연 무엇인가?

누가 죄인인가?

---

### No, la morte io non pavento
아니, 나는 죽음을 두려워하지 않소

난 죽음은 무섭지 않네

오 신이여, 당신의 사랑이

나의 나라와 아버지에게

평화와 안정을 준다면

나는 두려움 없이 죽을 것입니다

그리고 나의 영혼은 안식을 찾겠지요

나의 죽음으로서, 내가 사랑하는 사람들이

삶과 평화를 찾을 수 있다면야

난 죽음은 무섭지 않네

---

## Torna la pace al core
### 평화가 마음으로 돌아오다

나에게 이제 평화가 돌아왔네

꺼져가던 애국심도 다시 불붙었다

젊음이 되살아나는 것 같구나

플로라(꽃과 풍요의 여신)의 계절이

늙은 나무를 다시 꽃 피게 하고

신선한 입김을 불어 넣어 주었다

나에게 이제 평화가 돌아왔네


〈이도메네오〉는 모차르트(Wolfgang Amadeus Mozart)가 처음 발표한 오페라로, 완벽한 오케스트라와 레치타티보(Recitative, 대사 내용에 중점을 둔 서창), 멜로디라인을 보여주는 작품입니다. 합창을 정식으로 이용한 것과 세트의 변화가 자유로운 것도 하나의 특색으로 꼽힙니다.

그러나 모차르트가 빈(Vienna) 사회에서 두각을 나타내지 못하고 있었기 때문에 처음에는 정식 무대공연이 아닌 콘서트 형식으로 연주회를 열었습니다.

초기 〈이도메네오〉는 전문 오페라단의 공연이 아닌 아마추어 단체의 공연으로 명맥을 이었습니다. 이후에는 작곡가 리하르트 슈트라우스(Richard Georg Strauss)의 수정을 거치면서 오늘날 일반적인 공연 목록에 속하게 되었습니다. 평론가들은 원작과 슈트라우스의 특성이 잘 혼합되었다며 수정한 작품에 찬사를 보내기도 했습니다.

수정을 거듭하며 드라마틱한 효과가 극대화된 〈이도메네오〉를 감상하다 보면, 관객들은 이도메네오의 고뇌와 아픔을 함께하게 됩니다. 또한, 이다만테와 일리아에게 죄책감과 연민을 느끼기도 하고요.

이렇듯 폭풍우처럼 요동치는 감정 속에서 이다만테를 제물로 바치지 않아도 된다는 신의 음성이 들려올 때. 작품 속 인물들과 함께 고통을 겪던 관객들은 아픔을 해소하며 밀려오는 해방감에 흠뻑 젖게 될 것입니다.

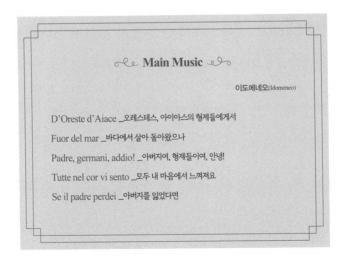

### ❧ Main Music ❧

이도메네오(Idomeneo)

D'Oreste d'Aiace _오레스테스, 아이아스의 형제들에게서

Fuor del mar _바다에서 살아 돌아왔으나

Padre, germani, addio! _아버지여, 형제들이여, 안녕!

Tutte nel cor vi sento _모두 내 마음에서 느껴져요

Se il padre perdei _아버지를 잃었다면

Solitudini amiche _친한 고독이여

Andro ramingo e solo _나는 방랑하며 홀로 갈 거예요

Quando avran fine omai _이제 언제쯤 끝이 날까요

Zeffiretti lusinghieri _꼬마 바람이 아름답게

Vedrommi intorno l'ombra dolente _내 주변에는 슬픈 그림자가 보일 거예요

Idol mio se ritroso _나의 아이, 돌아오면

Cieli che veggo _내가 보는 하늘들이여

**이도메네오**의
대표곡을 감상해 보세요.

# PART 2

# 순수한 사랑은 지고
# 남은 것은

## : 복잡한 애정 관계

이 장의 다섯 작품에서는 오페라 가수들이 탐욕스러운 사랑의 곡을 부릅니다. 이전 작품들과는 달리 이제 사랑은 더 이상 순수하지도 희생적이지도 않습니다. 주인공은 사랑하는 사람이 있음에도 또 다른 사람에게 사랑에 빠져 이전 사랑을 쉽게 배신합니다.

이러한 상황 속에서 누군가는 여전히 목숨을 바칠 만큼 진실된 사랑을 하고 있기에 그들의 관계는 더욱 복잡해집니다. 그렇게 엉켜 버린 마음에 남은 것은 상처뿐이겠지요.

관객들은 이런 오페라를 보면서 분노하지만 즐거워하기도 합니다. 심지어 공감하고 이해하기도 하지요. 타인의 갈등을 흥미로워하는 인간의 본성 때문일지도 모르겠습니다.

# 묘약이 만든
# 사랑의 코미디

: 요정의 여왕 *The Fairy Queen*

막이 열리자, '테세우스'의 궁전으로 '이지어스' 왕과 그의 딸 '허미아'가 함께 찾아옵니다. 허미아 공주는 '라이샌더'라는 청년을 사랑하여 결혼하고 싶어 합니다.

그러나 이지어스의 생각은 달랐습니다. 그는 허미아가 '디미트리어스'라는 남자와 결혼하기를 바랍니다. 디미트리어스도 허미아와 결혼하고 싶어 했고요.

두 사람은 이 문제를 해결하기 위해 테세우스 대공을 찾아왔습니다. 아테네의 법에 따르면 딸은 아버지가 정해 준 사람과 무조건 결혼해야 합니다. 법을 따르지 않는다면 신전의 여사제가 되어 일생을 독신으로 살거나, 처형되는 것이 관례였습니다.

테세우스 대공은 만인이 아테네의 법을 지키도록 하는 것이 자기 의무라며 며칠을 줄 테니 최후의 결정을 하라고 말합니다. 허미아는 사랑하는 라이샌더 대신 디미트리어스와 결혼해야만 하는 상황에 놓입니다.

또 한 가지, 허미아가 디미트리어스와 결혼을 망설이는 이유가 있었습니다. 디미트리어스가 허미아의 친구 '헬레나'를 유혹해 애인으로 삼았다가 내친 적이 있기 때문입니다.

심지어, 헬레나는 아직 디미트리어스를 사랑하고 있었습니다. 결국, 허미아는 라이샌더와 아테네의 법이 미치지 않는 다른 나라로 도망쳐 결혼하기로 결심합니다.

그녀는 친구 헬레나에게 디미트리어스를 유혹하여 그가 자신을 포기하게 해달라고 부탁합니다. 그리고는 라이샌더와 함께 숲으로 도망칩니다. 이 사실을 알게 된 디미트리어스는 두 사람의 행적을 찾아 숲으로 들어갑니다. 헬레나도 디미트리어스의 뒤를 쫓습니다.

### Fill up the bowl
잔을 채워라

오라, 오라, 오라, 마을을 떠나자

그리고 어떤 외로운 곳에서

사람들과 소음이 결코 알려지지 않은 곳

우리의 하루를 보내기로 결심하자

잔디 위 쾌적한 그늘에서

밤이 오면 우리는 누울 거야

무해한 우리의 날들은 지나갈 테지

그렇게 시간은 사라질 거야


넘어지고, 삼단으로 넘어지고

이 치명적인 춤과 노래

---

### A thousand ways we'll find to entertain the hours
즐거운 시간을 보낼 천 가지 방법

나는 매력이나 믿음에 대한 진정한 기쁨을 찾아

나는 즐거움을 가질 거야, 그가 고통을 겪게 해 줘

그가 편견을 증명한다면, 나는 속지 않을 거야

그는 자신을 속일 수 있지만, 결코 나를 속일 순 없지

그게 내가 찾는 거야, 그리고 패배하지 않을 거야

왜냐하면 나는 그처럼 거짓되고 불변할 거니까


우리가 찾을 수 있는 천 가지 방법

즐거운 시간을 만들기 위해

안 돼, 우린 아무것도 모를 거야

우리 삶의 근면함은 없어

---

# Thus the gloomy world
### 이렇게 슬픈 세상이

그래서 우리는 거칠게 살고 있어

그래서 우리는 자유롭게 주고 있어

하늘이 자유롭게 증여하는 것


우리는 만들어지지 않았어

노동과 무역을 위해

바보들이 서로에게 강요하는 것


맞아, 다프네, 당신을 보고 알았어

내 마음이 배신한 매력들

그렇다면 너의 경멸을 풀지 마!

네 눈이 만들어 낸 죄수


사랑에 빠진 그녀는 최소한의 방어를 해

가장 확실한 다트로 상처 입었지

아름다움은 감각을 사로잡을 수 있어

하지만 친절은 마음을 얻을 뿐이야


숲속에서는 요정의 나라 '오베론' 왕과 '티타니아' 왕비가
고아가 된 인도 소년을 누가 기를 것인지를 두고 말다툼하

고 있었습니다.

지고 싶지 않았던 오베론 왕은 시종 '퍼크'에게 마법의 꽃 팬지를 찾아오도록 지시합니다. 마법의 팬지는 큐피드의 화살을 맞아 특별한 힘을 가지고 있었습니다. 바로 팬지 액을 잠든 사람의 눈에 떨어뜨리면 깨어나 처음 보는 사람을 사랑하게 되는 것입니다.

오베론 왕은 이 액을 티타니아의 눈에 떨어뜨리고는, 퍼크를 불러 디미트리어스의 눈에도 떨어뜨리라고 명령합니다. 잠에서 깨어난 디미트리어스가 헬레나를 보고 사랑에 빠지기를 바랐기 때문이었습니다.

그런데 퍼크가 그만 라이샌더를 디미트리어스로 착각해 그의 눈에 팬지 꽃의 액, 사랑의 묘약을 떨어뜨립니다. 마침 그곳을 지나던 헬레나는 혹시 상처를 입은 것이 아닌지 걱정되어 라이샌더를 깨웁니다. 잠에서 깨어난 라이샌더는 헬레나를 보자마자 사랑에 빠집니다.

한편, 숲속 다른 곳에서는 사람들이 연극 연습을 하고 있습니다. 이들은 귀한 분의 결혼식에서 연극을 공연하여 하객을 즐겁게 해 줄 계획이었습니다.

그때 퍼크가 나타나 연극 연습 중이던 옷감장이 '보텀'에게 당나귀 머리 모양의 가면을 씌웁니다. 잠에서 깨어난 왕비 티타니아는 당나귀 머리의 보텀을 보고 반해버립니다.

한편, 결국 디미트리어스와 라이샌더, 헬레나와 허미아는 서로 마주하게 됩니다. 얽히고설킨 사랑의 코미디가 펼쳐진 상황.

이 광경을 목격한 오베론 왕은 퍼크에게 복화술을 써서 우선 라이샌더와 디미트리어스를 떼어놓으라고 합니다. 퍼크의 복화술에 속은 라이샌더는 캄캄한 숲속에서 길을 잃고 밀려오는 피로에 쓰러져 잠이 들어 버립니다. 디미트리어스 역시 어느새 피곤함에 지쳐 잠이 듭니다.

퍼크는 디미트리어스의 눈에 다시 사랑의 묘약을 떨어뜨리고, 오베론 왕은 라이샌더와 티타니아의 눈에 해독제를 떨어뜨려 줍니다.

잠에서 깨어난 디미트리어스가 헬레나를 보고 사랑에 빠집니다.

이윽고 테세우스 대공이 등장합니다. 대공은 모두가 제 짝을 찾아간 상황을 보고 안도합니다.

이내 연극 연습을 하던 사람들은 공연을 펼치고, 연극을 관람한 테세우스 대공과 사람들은 연극이 형편없다고 평가합니다. 하지만 그들은 모두가 진지하게 공연해 준 것을 칭찬합니다.

## Hark the echoing air
### 들어라! 울려 퍼지는 소리를

하하하

모든 것이 하나의 소리로 즐거워하고

세계는 하나의 목소리를 가진 것 같네


이제 승리의 메아리를 들어라

그리고 여기저기서 기뻐하는 큐피드들은

그들의 날개로 손뼉을 치네


하크! 하크!


둔한 게 확실한 결혼의 신은 듣지도 않아


우리는 매력으로 그를 깨울 거야

결혼의 신이 나타날 거야


결혼의 신이 나타났어!


밤의 여왕은 네게 머물지 말라 명령한다, 나타나라!

## O, Let me weep
### 오, 나를 울게 내버려 두오

오, 나를 울게 내버려 두오

잠이 눈에서 다 도망가고 없습니다

대낮이 와도 보지 않을 겁니다

한숨이 절로 나와 정신이 없습니다

그는 가버렸고, 그가 없어 애통스럽네

나는 그를 다시는 만나지 않으리라

---

## Thus the ever grateful spring
### 언제나 기분 좋은 봄

이제 밤이 사라졌어

모두 떠오르는 태양에 경의를 표하길

행복하고 행복한 날이야

오베론 왕의 탄생일


파이프 클라리온, 그리고 날카로운

트럼펫이 울리게 하세요

천국의 아치 쨍그랑 소리가 납니다


혹독한 긴 겨울이 지구를 얼게 했을 때,

자연 감옥은 자유를 추구했지만, 헛수고였지

모든 것을 낳기 위해 나는 빛줄기를 내뱉어

식물, 모든 꽃 그리고 각각의 나무를 위한 봄 만들기
모든 사람에게 생명과 따뜻함, 활력을 주는 것은 나야

그러므로 언제나 감사한 봄
1년에 한 번 있는 그녀의 찬사
그 앞에 있던 모든 연인아
그의 제단을 둘러싸고, 노래하고 춤춰라

〈요정의 여왕〉은 당시의 다른 오페라와 마찬가지로 오페라와 발레의 합작품입니다. 이를 '세미오페라(Semi-opera)'라고 부릅니다. 반면, 음악적 요소는 초자연적 등장인물들에 맞추어 표현하였습니다. 이를 위해 선보인 정령이나 님프들의 춤이 훗날 가면극의 기반으로 발전했다는 사실은 주목할 만합니다.

작곡가는 영국 음악의 아버지라고 불리는 헨리 퍼셀(Henry Purcell)로 위대한 오르간 연주자이기도 했습니다. 세속적인 음악과 종교적인 음악을 모두 작곡한 그는 이탈리아와 프랑스 스타일을 인용하여 영국적인 바로크 음악의 전설을 만들어냈다는 평가를 받고 있습니다.

독창적인 음악 스타일과 달리 줄거리는 벤자민 브리튼의 《한여름 밤의 꿈(A Midsummer Night's Dream)》을 원작으로 합니다. 그리고 오페라 〈요정의 여왕〉은 셰익스피어의 드라마에 그리스 신화를 가미했다는 특징이 있습니다.

그리스 신화의 결합으로 극 중에는 수많은 신과 정령이 등장하며, 그들을 부각하기 위한 화려한 무대장치가 다수 사용됩니다. 그래서인지 이 오페라는 제작비가 많이 드는 작품으로 손꼽히기도 합니다.

〈요정의 여왕〉은 부담스러운 제작비 때문에 자주 공연하지 않지만, 제작 시에는 그에 걸맞은 엄청난 규모를 자랑합니다. 무대 형식을 다양한 방식으로 표현할 수 있게 된 현대에는 비현실적인 배경을 최대한 현실처럼 구현하며 관객들에게 환상적인 체험을 선사하고 있습니다.

무대 위에서 펼쳐지는 꿈과 같은 모습은 자연스럽게 감탄을 자아내고 관객들은 신과 정령을 직접 마주한 것처럼 황홀한 경외심을 느낄 수도 있습니다.

## ✧ **Main Music** ✧

요정의 여왕(The Fairy Queen)

Thrice happy lovers _행복한 연인들의 순간

Rondeau _론도

Fill up the bowl _잔을 채워라

Thus the gloomy world _이렇게 슬픈 세상이

May the God of wit inspire _기발한 신이 영감을 주기를

Monkey's dance _원숭이의 춤

See even night herself is here _심지어 밤도 여기 있어요

Sure the dull God of marriage does not hear _분명히 지루한 결혼의
　　　　신은 듣지 않네요

Hush, no more _쉿, 더는 말하지 말고

Dance for the fairies _요정들을 위해 춤을 춰요

Now the maids and men are making of hay _지금 소녀들과 청년들은
　　　　건초를 만들고 있어요

A thousand ways we'll find to entertain the hours _즐거운 시간을
　　　　보낼 천 가지 방법

**요정의 여왕**의
대표곡을 감상해 보세요.

# 사랑할 사람을
# 착각하면 생기는 일

: 피가로의 결혼 *Le Nozze di Figaro*

    스페인 세비야 인근, '알마비바' 백작의 저택. '피가로'와 백작 부인의 하녀 '수산나'의 결혼을 앞둔 지금, 피가로는 신혼 방에 새로 들여놓을 침대의 치수를 재고 있습니다. 그런데 수산나는 신혼 방이 백작의 침실과 가까운 것이 영 마음에 들지 않습니다.

    알마비바 백작은 아름다운 '로시나'와 결혼하고 행복한 나날을 보내는 듯했습니다. 그러나 희대의 바람둥이이자 호색한이었던 그는 결혼 생활에 권태로움을 느껴, 결국 수산나를 노리게 됩니다.

    낌새를 알아챈 피가로는 복수를 계획합니다. 칼을 들고 결투하는 복수가 아니라 백작에게 크게 골탕을 먹여 정신 차리게 할 계획이었습니다.

    그런데 피가로에게 예상치 못한 문제가 생깁니다. 백작

저택에서 오랫동안 일한, 중년을 넘어서 할머니가 되어가는 가정부 '마르첼리나'가 피가로와의 결혼을 원한 것입니다. 이 모든 일은 피가로가 마르첼리나에게 돈을 빌리면서 시작되었습니다.

마르첼리나는 비열한 변호사 '바르톨로'와 모의하여 피가로가 제때 돈을 갚지 못하면 무슨 일이든 마르첼리나가 원하는 대로 하겠다는 서약을 받아냈습니다.

바르톨로는 로시나에게 눈독 들였다가 피가로의 훼방으로 망신을 당했던 인물이었습니다. 피가로에게 원한이 있던 그는 마르첼리나가 제안한 '피가로 잡기'에 적극적으로 협조했습니다. 마르첼리나는 피가로가 돈을 갚지 못했으니 서약한 대로 자신이 원하는 일을, 결혼을 해 주어야 한다고 주장합니다.

**Non so più cosa son, cosa faccio**
내가 누구인지 무엇을 하는지 모르겠네

내가 누구인지 무엇을 하는지 모르겠네
내가 불처럼 뜨거운지 얼음처럼 차가운지
여자들은 모두 날 떨리게 하지
사랑이란 말도 기쁨이란 말도
나를 떨리게 하고 내 가슴을 뒤흔들어 버려

사랑을 말하기만 해도 알 수 없는 갈망이 넘쳐

나는 깨어있을 때 사랑을 말하고

꿈에서도 사랑을 말하네


물을 보면서, 그림자를 보면서, 산을 보면서

꽃을 향해, 풀잎과 분수를 향해

메아리에 그리고 공기와 바람에도

보답받지 못할 애원을 실어 보내네

만일 아무도 듣지 않으면 나 자신에게 사랑을 말하리


### Non più andrai, farfallone amoroso
더는 날지 못하리, 바람기로 물든 나비야


더는 날지 못하리, 바람기로 물든 나비야

밤낮없이 이리저리 날지 못하리라

여자에게 치근덕거리지는 못하겠지

친애하는 나르시스 씨, 아도니스 도련님


더 이상 달고 있지는 못하리 깃털 장식

이렇듯 가볍고 멋진 모자

이렇듯 긴 머리, 번쩍이는 옷맵시,

이렇듯 여자다운 진홍빛 얼굴

용사들의 대열 속에서, 술을 마시며!

커다란 콧수염, 딱딱한 배낭

어깨에 소총, 허리에는 칼,

빳빳이 세운 목에 근엄한 얼굴

커다란 철모나 큼직한 터번,

명예는 잔뜩 있으나, 돈이 적어!


한편, 귀족 집안 자제인 '케루비노'는 알마비바 백작의 집에 교육생으로 머물며 일을 배우고 있었습니다. 그는 예쁜 여자만 보면 습관처럼 고백하는 미소년으로, 수산나에게도 연애 감정을 품었다가 피가로에게 혼이 나서 포기한 적이 있었습니다. 케루비노는 최근 들어 미모와 교양과 고독을 겸비한 백작 부인에게 접근하려고 안달이 나 있었습니다.

그러나 케루비노는 얼마 전에도 정원사의 딸 '바르바리나'를 유혹하려다 들켜 백작의 집에서 쫓겨난 상태였습니다. 그는 백작의 집에 계속 머물기 위해 수산나와 피가로에게 복직을 부탁하러 찾아갑니다.

케루비노가 수산나의 방에 들어가자, 때마침 백작도 수산나의 방에 들어가고 케루비노는 서둘러 숨습니다. 백작은 케루비노의 목소리를 들었다며 당장이라도 잡아 쫓아낼 듯 굴지만, 수산나가 기지를 발휘하여 케루비노가 도망치도록 돕습니다.

케루비노가 도망친 뒤, 마을 사람들과 합창하며 들어오는 피가로. 합창은 너그러우신 백작께서 케루비노를 어여삐 여겨 다시 불러 일자리를 주신 데 감사하며, 백작의 건강을 기원한다는 내용이었습니다.

백작은 할 수 없이 케루비노를 복직시키지만, 그를 집에 둘 수는 없었습니다. 그래서 케루비노를 백작이 이끄는 연대의 장교로 임명해 멀리 보내겠다고 합니다.

백작이 여기저기를 들쑤시고 다닐 동안 홀로 남겨진 백작 부인 로시나는 남편의 무관심을 한탄합니다. 이런 백작 부인에게 피가로가 묘안을 제시합니다. 백작 부인이 다른 남자와 사귀는 것처럼 꾸며 백작의 질투심을 자극하면 백작은 다시 부인에게 관심을 돌릴 테고, 수산나에게 더는 접근하지 않을 것이라는 내용이었습니다.

백작 부인이 피가로의 제안을 받아들이려는 찰나, 마르첼리나는 변호사 바르톨로와 함께 백작을 찾아옵니다. 그녀는 피가로가 돈을 갚지 않으니 약속을 이행할 것을 판결해달라고 의기양양하게 요청합니다.

수산나와 백작 부인, 피가로 모두가 자신만 모르는 음모를 꾸미고 있다고 생각한 백작은 우선 피가로의 기를 꺾기 위해 원고 마르첼리나에게 승소를 판결합니다. 마르첼리나와 결혼해야 한다는 판결에 억울함과 속상함을 느낀 피가로는 그녀와 바르톨로를 때려눕힐 기세로 팔을 걷어붙입니다.

그때, 마르첼리나는 피가로의 팔에 새겨진 문신을 보고 충격을 받습니다. 피가로는 그녀가 오래전에 잃어버린 아들이 확실하기 때문이었죠. 그렇게 마르첼리나와 피가로의 결혼은 무효가 됩니다.

한편 백작의 사랑을 잊지 못하는 백작 부인은 신혼 시절을 그리워하며, 수산나와 계략을 도모합니다. 계략에 따라 백작에게 보낼 편지를 써두는 백작 부인. 그리고 얼마 후 수산나와 피가로의 결혼식이 시작됩니다. 축하 분위기가 무르익을 무렵 수산나가 백작 부인이 쓴 편지를 백작에게 슬쩍 건넵니다.

수산나가 백작에게 은밀히 전한 편지가 백작 부인이 쓴 것이라는 사실을 모르는 피가로는 수산나를 오해하게 됩니다. 결혼식을 치르면서도 수산나가 백작의 유혹을 뿌리치지 못했다고 생각한 피가로는 배신감을 느끼고 복수를 다짐합니다. 피가로는 백작과 수산나의 밀회 현장을 잡기 위해 그들이 만나기로 한 정원에 몰래 숨어 기다립니다.

하지만 눈치 빠른 수산나는 피가로가 숨어 있다는 사실을 알고 있었습니다. 슬쩍 장난기가 발동한 그녀는 백작과 정말 데이트라도 하려는 듯 연기하다가, 작전대로 백작 부인의 옷으로 갈아입습니다.

반면, 백작 부인은 수산나로 변장하여 약속 장소로 나갑니다. 캄캄한 밤중에 얼굴을 알아보지 못한 채, 백작은 수산나의 옷차림을 한 백작 부인에게 온갖 감언이설을 늘어놓기 시작합니다.

피가로는 백작이 수산나를 유혹하기 위해 늘어놓는 말들에 화가 치밀어 오릅니다. 그러던 중, 피가로는 어두운 곳에서 둘을 지켜보는 백작 부인을 발견합니다.

그러나 그녀는 백작 부인이 아닌 수산나의 얼굴을 하고 있었습니다. 피가로는 크게 놀라고 백작 역시 수산나의 옷차림을 한 여자가 백작 부인이라는 사실을 알고 큰 충격을 받습니다.

백작은 수산나가 아닌 자신의 아내에게 온갖 달콤한 사랑의 말을 늘어놓은 것에 부끄러움을 느낍니다. 백작의 속이 상하든 말든 모든 사실이 알려지자 사람들은 잘됐다며 합창을 부릅니다.

백작은 이번 사건에 가담한 모든 사람을 엄중히 문책하겠다고 말하지만, 백작 부인이 전원 사면을 선포하며 극은 행복하게 막을 내립니다.

### Dove sono i bei momenti

아름다운 순간들은 어디에

달콤하고 즐거웠도다!

달콤한 날들은 어디로 가버렸어?

어디로 가버린 것일까?

저 거짓말쟁이의 입술에서 나온 맹세의 말은?


눈물과 괴로움 속에 나에게 있어서

모두가 바꿔어버렸는데

어째서 그 행복한 추억은

나의 가슴에서 떠나지 않았던 것일까?


아! 괴로움 속에서도 늘 사랑하는 나의 한결같은 마음이

어떻게든 그 인정 없는 마음을 바꿔주지는 않는 것일까!

---

### Deh vieni, non tardar

늦지 말고 오세요

드디어 때는 왔어

그대를 불러내서 그에게 안겨야지

이때야말로! 마음을 굳게 먹고

조금도 겁을 내서는 안 돼

향기롭고 싱싱한 나무와 냄새

밤하늘 별들도 사랑을 북돋아 주고

괴롭지만 또한 즐거운 밤이야!


어서 오너라, 넘치는 기쁨아

사랑이 그대를 부르는 곳으로

밤하늘에 빛도 없고

온 누리는 어둡고 고요하네


시냇물은 종알대고 미풍이 불어오네

미풍이 내 마음을 달콤하게 해

이곳의 풀과 꽃들은 신선해

나의 기쁨과 사랑으로 이곳으로 오너라


오라, 내 사랑이 은밀한 넝쿨 속으로

그대의 이마에 장미를 씌워 주리라

---

## Un moto di gioia

기쁨의 느낌


가슴 속에서 느껴져요

기쁨을 알리는 것

공포 사이에서!

기쁨으로 끝나기를 바라요

고생이 끝나길

운명과 사랑은 항상

압제자가 아니에요


눈물과 괴로움으로만

항상 만족하지는 않아요

가끔은 고통에서

복이 태어나기도 해요


그리고 위험이

더욱 커지는 것 같을 때

큰 평온함이 빛나 보이죠


역사상 최고의 오페라로 평가받는 이 작품은 전 세계에
서 가장 많이 공연된 오페라 중 하나로, 사람들에게 즐거움
을 안겨준 작품입니다.

남장 여자, 여장 남자가 나오는가 하면 매력적인 하녀, 난
봉꾼 주인 나리, 그리고 친자 확인 소동까지 펼쳐지는 떠들
썩한 익살극이기 때문입니다. 로시니의 유명 오페라 〈세비
야의 이발사〉는 〈피가로의 결혼〉의 전편으로, 두 극에서는
서로 같은 캐릭터가 등장합니다.

작곡가 모차르트(Wolfgang Amadeus Mozart)는 뚜렷한 계몽주의 성향의 작가 다 폰테와 함께 이 작품을 만들어냈습니다. 그래서인지 기존의 신분제도에 정면으로 도전하는 듯한 정치성을 담고 있습니다.

이 작품이 연극으로 파리에서 초연될 당시 루이 16세는 불같이 화를 내며 이 작품의 상연을 전면 금지했습니다. 국왕뿐만 아니라 귀족들 대부분이 치를 떨며 분개했죠. 그러나 극작가 보마르셰의 이 문학적 저항은 몇 년 후 결국 프랑스 대혁명으로 실현됩니다.


〈피가로의 결혼〉은 사랑의 줄다리기와 함께 신분사회의 뿌리를 뒤흔드는 새로운 시민계급의 분노를 집약한 작품입니다. 관객들은 로맨스와 정치의 긴장감을 동시에 느끼며 작품을 지지할 수 있게 됩니다.

그 속에서, 지배계층인 백작에게 사랑을 빼앗겨도 저항할 수 없는 피가로의 분노에 공감하고 재치를 발휘하여 사랑을 되찾으려는 피가로의 분투를 관객들은 지지할 수 있습니다.

## ❧ Main Music ❧

Un moto di gioia _기쁨의 느낌

Voi che sapete _당신들은 알고 있어요

Non più andrai, farfallone amoroso _더는 날지 못하리, 바람기로 물든 나비야

Deh vieni, non tardar _늦지 말고 오세요

Non so più cosa son, cosa faccio _내가 누구인지 무엇을 하는지 모르겠네

Se vuol ballare _춤을 추고 싶다면

Un moto di gioia _기쁨의 느낌

Hai già vinta la causa _이미 당신은 승리했어요

Porgi, amor, qualche ristoro _나에게 사랑아, 어떤 위로를 주세요

Dove sono i bei momenti _아름다운 순간들은 어디에

L'ho perduta, me meschina _그녀를 잃었어요, 불쌍한 나

Cinque… dieci… venti _다섯… 열... 스무 개

**피가로의 결혼**의
대표곡을 감상해 보세요.

# 피로 얼룩진 황금왕좌

: 나부코 *Nabucco*

예루살렘의 솔로몬 성전. 히브리인 대제사장 '자카리아'는 바빌로니아의 왕 '나부코'가 공격해올 것을 두려워하는 백성들에게 용기를 주려고 노력합니다. 그러나 히브리 왕의 조카인 '이스마엘레'가 나타나 나부코를 막을 수 없다고 알려줍니다.

자카리아가 자리를 비우자 이스마엘레는 예루살렘에 인질로 잡혀 온 바빌로니아의 공주인 '페네나'와 이야기를 나눕니다.

페네나는 이스마엘레가 바빌로니아의 포로가 되었을 때 그를 구해 준 적이 있었습니다. 그때, 서로에게 사랑에 빠졌기 때문에 이스마엘레는 페네나를 탈출시킬 기회를 엿보고 있었습니다.

그때 나부코의 큰 딸인 '아비가일레'가 나타나, 이스마엘레가 자신을 사랑하겠다고 맹세하면 히브리인들을 모두 살려주겠다고 말합니다.

그러나 이스마엘레는 제안을 단호히 거절합니다. 질투심에 사로잡힌 아비가일레는 페네나에게 본때를 보여주겠다고 다짐합니다.

그 후, 바빌로니아 군대를 이끌고 등장한 나부코 왕은 예루살렘 솔로몬 성전을 초토화시키겠다며 자카리아를 위협합니다. 자카리아는 성전을 더럽히면 페네나를 죽이겠다며 그녀의 목에 칼을 들이댑니다.

그러자 이스마엘레는 그 칼을 빼앗고 페네나를 구해 줍니다. 딸을 되찾은 나부코는 병사들에게 성전을 파괴하라고 명령합니다.

이 시각, 아비가일레는 바빌로니아 왕궁 홀에서 자신의 출생이 기록된 문서를 발견하고 자신이 노예에게서 태어났다는 사실을 알게 됩니다. 그리고 나부코 왕이 둘째 딸인 페네나에게 왕위를 물려줄 계획을 세우고 있다는 사실에 분노합니다.

그때 바빌로니아의 대사제가 달려옵니다. 그는 페네나 공주가 히브리인들을 풀어주려고 한다며, 나부코가 쓰러졌다는 소문을 낼 테니 즉시 아비가일레가 왕위에 올라야 한다고 말합니다.

성전이 파괴되고 히브리인들과 함께 포로로 잡혀 온 자카리아는 왕궁의 어느 방에서 페네나에게 유대교의 율법을 가르칩니다.

히브리인들은 페네나를 구해 준 이스마엘레를 반역자이자 이교도라고 비난하죠. 하지만 자카리아는 페네나가 유대교로 개종했으니 이스마엘레는 히브리 처녀를 구해 준 셈이라며 그를 변호합니다.

**Gli arredi festivi giu cadano infranti**
행복한 날들은 끝났다

행복한 날들은 끝났다

유대의 백성들이여

슬픔의 옷을 입어라


바빌론의 왕 나부코의 군대가

우리를 공격했다

신의 거룩한 성전을 더럽혔다

유대의 딸들아

## D'Egitto la sui lidi

저 이집트 땅에서

주께서 저 이집트 땅에서

모세를 살린 것을 기억하라

신은 무적의 용사를

백 명이나 만드셨다


신을 믿는 자는

어떤 곤경이 다가와도

결코 멸망하지 않는다


이제 우리를 위한

행복의 날이 다가오는가?

영원한 구원자이신

신을 믿어라


신은 믿는 자의 간구를 들으신다

신을 믿는 자는

어떤 곤경이 다가와도

결코 멸망하지 않는다

## lo t'amava

당신을 얼마나 사랑하는지

당신을 얼마나 사랑하는지

내 왕국, 내 마음

당신을 위해서라면 모두 드리겠소

미친 듯한 사랑으로 나는

당신을 죽일 수도 있고 살릴 수도 있어

만약 당신이 나를 사랑한다면

당신의 동포를 구해 줄 수도 있어

내 생명을 포기할지언정

내 마음을 줄 수는 없소

나는 내 운명에 만족하오

죽음도 두렵지 않소

한편, 아비가일레의 계획과 달리 나부코가 갑자기 나타납니다. 그는 자신이 '왕이 아니라 유일신'이라며 영원히 숭배할 것을 명령합니다.

그 순간 벼락이 내리쳐 나부코는 쓰러져버립니다. 아비가일레는 나부코의 머리에서 굴러떨어진 왕관을 쓰고 바빌로니아의 위대한 신을 찬양합니다.

아비가일레는 바빌로니아의 공중 정원에서 스스로 왕이 되었음을 선포합니다. 그녀가 성직자와 귀족들에게 충성을 맹세하게 할 때, 정신을 잃었던 나부코가 깨어나 아비가일레를 비난합니다.

그러나 아비가일레는 나부코에게 히브리인들의 명단을 내밀며 이들의 처형을 승인하는 서명을 요구합니다. 히브리인들의 명단에는 페네나의 이름이 포함되어 있었습니다.

나부코는 아비가일레의 언변에 속아 서명하지만 뒤늦게 사실을 깨닫습니다.

이를 되돌리기 위해 그는 아비가일레의 출생을 밝히겠다고 협박합니다. 그러나 그녀는 출생의 비밀이 담긴 서류를 찢어버리고는 나부코를 감금하도록 명령합니다.

처형당할 위기에 처한 히브리인들은 바빌로니아에서 억압과 노역에 시달리며 포로로 생활하고 있었습니다. 그들은 유프라테스 강변에서 잃어버린 조국을 그리워하는 간절한 마음을 담아 '날아가라, 내 마음이여, 금빛 날개를 타고'를 합창합니다.

자카리아는 히브리인들의 해방과 바빌로니아의 멸망을 예언하며 백성들을 격려합니다.

한편, 바빌로니아 왕궁의 방에 갇혀 있던 나부코는 악몽에 시달리다 깨어납니다. 그때 페네나는 사슬에 묶여 형장으로 끌려가고 있었습니다. 나부코는 무릎을 꿇고 히브리인들의 신에게 용서를 빌며, 자신이 파괴한 성전을 다시 세울 것을 약속합니다.

그러자 충신 '압달로'가 부하들을 거느리고 들어와서, 나부코가 제정신으로 돌아온 것에 기뻐하며 충성을 맹세합니다. 나부코는 압달로에게 칼을 받아 반역자들을 처단하고 페네나를 구하러 갑니다.

형장에 서는 페네나. 그 순간 나부코가 나타나 페네나와 히브리인들을 구하고 바빌로니아의 신상을 파괴하라고 외칩니다.

그의 외침에 신상은 저절로 산산조각으로 부서집니다. 나부코는 히브리인들을 석방하고, 백성들에게 히브리의 신을 찬양하도록 합니다.

모든 상황을 알게 된 아비가일레는 독약을 마신 채 페네나와 이스마엘레에게 용서를 구합니다. 그리고 나부코에게 두 연인을 축복해달라고 부탁합니다.

그녀는 히브리 신에게 자비를 구하며 숨을 거두고, 자카리아가 '여호와를 섬기는 나부코는 왕 중의 왕'이라고 칭송하는 가운데 막이 내립니다.

## Salgo già del trono aurato

### 황금 왕좌에 오르리라

이제 나는 피로 얼룩진

황금 왕좌에 오르리라

그리고 왕좌에 오르자마자

내 복수가 시작되리라


모든 백성이 내가

왕홀(군주의 지휘봉)을 쥐고 있는 것을 보리라

왕족들도 천한 노예 출신인

내게 애걸하리라

---

## Del Futuro nel buio discerno

### 어두운 미래가 보인다

어두운 미래가 보인다

보라, 치욕의 쇠사슬이 끊어지리라

이제 유대 사자의 분노가

이 저주의 땅에 내릴 것이다

하이에나와 독사가 해골과 뼈를 찾아

이곳으로 올 것이다


바람이 멈추고

처참한 정적만 남을 것이다

어둠이 내리면 오로지 부엉이만

탄식의 노래를 부를 것이다


오만한 바빌론인이 세운 탑에는

돌 한 덩어리 남아 있지 않을 것이다

---

**Su me, morente, esanime**
힘없이 죽어가는 나를


힘없이 죽어가는 나를

용서해 줘

페네나, 내가 잘못했어

그래서 지금 벌을 받는 거야

페네나와 이스마엘레는

언제나 서로를 사랑했지


이제 전하의 손에

그들의 행복이 달려 있어요

누가 내 죄로부터 나를 구해 줄까?


히브리인이여, 너희들의 신은

고통받는 자에게 안식을 준다고 했지?

신께 부르짖나이다

경배하나이다

나를 저주하지 마소서


'나부코'는 구약성서에 등장하는 바빌로니아의 왕 느부카드네자르 2세를 이탈리아어로 부른 이름입니다. 작품 내용이 오귀스트 부르주아와 프란시스 코르누의 희곡 나부코도노소르 및 구약성서 중 '열왕기', '다니엘서', '예레미아서' 등에 기초하고 있어 이해하기 상당히 어려운 긴 이름을 가지고 있기도 합니다. 희극에서는 관객들의 이해를 돕기 위하여 긴 이름을 짧게 바꾸어 '나부코'라고 부르는 것이죠.

이 오페라의 작곡가 베르디(Giuseppe Fortunino Francesco Verdi)는 '오페라의 거인'이라고 불릴 정도로 뛰어난 실력을 갖춘 작곡가로 이탈리아를 넘어 세계 오페라사에서 빠질 수 없는 인물입니다.

그의 작품이 지닌 특징은 바로 '리얼리즘'입니다. 리얼리즘 오페라는 신화나 영웅담과 같은 비현실적인 내용을 소재로 선택한 낭만주의 오페라와 달리 인간의 생활과 밀접한 사건을 통해 인간의 추악함과 잔학성, 연약함 등을 솔직하게 표현하는 방식입니다.

〈나부코〉는 성악 못지않게 극의 비중을 강화하며 베르디 오페라의 특색을 드러내는 작품이지만, 음악적인 면에서도 새로운 시도가 이루어졌습니다.

바로 테너(Tenor, 음악에서 최고 음역의 남성)의 비중을 줄이고 바리톤(Baritone, 테너와 베이스의 중간 목소리) 주인공을 부각시키는 것이었습니다. 또한, 벨칸토 시대의 전통을 거스르는 대담하고 거친 음악을 사용해 리얼리즘 오페라로의 첫 도약을 훌륭하게 이루어냈습니다.

리얼리즘 오페라의 특성을 가장 잘 드러내며, 베르디의 장례식에 연주되었을 만큼 의미 있는 곡은 '히브리 포로들의 합창(Va, pensiero, sull'ali dorate)'입니다. 이 곡을 듣는 관객들은 베르디의 음악에 깊이 빠져들어 리얼리즘 오페라 속 인물들의 솔직한 감성과 인간성을 느끼게 될지도 모릅니다.

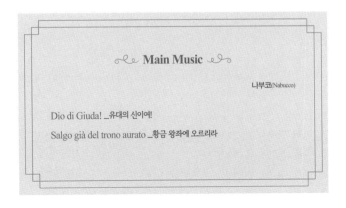

### ∼ Main Music ∼

나부코(Nabucco)

Dio di Giuda! _유대의 신이여!

Salgo già del trono aurato _황금 왕좌에 오르리라

Anch'io dischiuso un giorno _나도 언젠가는 뚫릴 거예요

Donna, chi sei? _도나, 당신은 누구죠?

Vieni, o Levita _와라, 레비트족이여

Oh! Dischiuso è il firmamento _오! 하늘이 펼쳐졌어요

S'appressan gl'istanti _순간들이 가까워져요

Ben io t'invenni _나는 당신을 찾았어요

Su me, morente, esanime _힘없이 죽어가는 나를

Del Futuro nel buio discerno _어두운 미래가 보인다

Io t'amava _당신을 얼마나 사랑하는지

D'Egitto la sui lidi _저 이집트 땅에서

Va, pensiero, sull'ali dorate _히브리 포로들의 합창

**나부코**의
대표곡을 감상해 보세요.

# 사랑을 포기하지
# 않는 방법

: 포기와 베스 *Porgy and Bess*

사우스캐롤라이나 주의 바닷가 마을 캣피시 로우. 한여름 이곳에서의 생활은 평상시와 다름없이 느긋하고 한가롭습니다. 피아노 소리가 들리고, 춤을 추고, 행상들이 물건을 팔러 다니고, 한편에서는 카드놀이를 하고 있습니다. '클라라'는 아기를 재우며 자장가를 부릅니다.

그때, 염소가 끄는 휠체어를 타고 신체장애가 있는 '포기'가 등장합니다.

사람들은 예쁜 '베스'에게 마음을 두고 있는 포기에게 베스는 거들떠보지도 않을 거라면서 짓궂게 농담을 건넵니다. 그러면서 포기에게 베스는 당치도 않으니 그녀를 마음에 두는 것은 그만두라고 말합니다.

바에서는 흑인 특유의 진한 남부 사투리가 흘러넘칩니다. 베스의 애인이자 악당인 '크라운'은 한낮부터 잔뜩 취해

술을 더 달라고 하지만, 베스가 술병을 치워버리자 기분이 상합니다. 설상가상으로 놀음에서 돈까지 잃은 크라운은 홧김에 어부 '로빈스'를 갈고리로 찔러 죽입니다.

로빈스의 아내 '세레나'는 죽은 남편을 부둥켜안고 서럽게 웁니다. 크라운의 친구인 건달 '스포틴 라이프'는 세레나에게 이왕 이렇게 되었으니 함께 뉴욕으로 가서 살자고 유혹하죠. 세레나가 거절하자 분위기는 점점 더 험악해집니다.

살인을 저지른 뒤 도망치는 크라운. 베스는 홀로 남겨져 두려움에 떱니다. 그런 그녀에게 마약꾼이 접근합니다. 그러자 베스를 사랑하는 포기가 그녀를 도와 자신의 집으로 데려옵니다. 형사와 경찰이 도착해 로빈스를 죽인 사람이 누구인지 심문하지만 다들 크라운이 두려워 입을 열지 못합니다.

아침이 밝자 어부들은 어망을 손질하고 있습니다. 마을 사람들은 소풍을 준비하고 클라라와 남편 '제이크'는 돈 걱정을 합니다.

그들과 달리 베스는 전혀 걱정이 없어 보였고, 흥얼거리며 노래를 부르기까지 합니다. 이 모습을 본 사람들은 베스가 포기의 집에 들어간 날부터 베스의 모습이 달라진 것 같다고 말합니다.

한편, 변호사가 베스를 찾아옵니다. 그는 베스에게 크라운과 이혼하게 해 주겠다며 돈을 요구합니다. 하지만 베스는 혼인 신고조차 하지 않은 상태였습니다. 변호사는 결혼하지 않은 상태에서 이혼 수속을 밟기는 어려우니 돈을 더 많이 내야 한다고 뻔뻔하게 주장합니다.

그때 베스 앞에 스포틴이 나타나, 크라운이 앞으로 잘해 주겠다는 말을 했으니 크라운에게 돌아오라고 베스를 은근히 협박합니다.

베스는 죽어도 돌아가지 않겠다며 단호히 거절하고 스포틴을 쫓아냅니다. 포기는 베스를 자신의 여자친구라고 선포하며 베스와 함께 노래를 부릅니다.

## Summertime
섬머타임

여름날,

삶은 평온하고

물고기는 뛰어오르고

그리고 목화는 잘 자랐다네


오, 너의 아빠는 여유가 있고

너의 엄마는 예쁘단다

그러니 아가야

울지 말아라

어느 날 아침

너는 다 커서

일어나 노래를 할 거야

그리고 너는 날개를 펴고

하늘로 날 수 있을 거야


그러나 그 아침까지

널 해칠 수 있는 것은

아무것도 없어

너의 곁엔

아빠와 엄마가 서 계실 거야

---

## Bess, you is my woman now

베스, 당신은 이제 내 여자예요

베스, 당신은 이제 내 여자예요!

맞아요! 맞아요!

그리고 당신은 웃어야 해요!

한 명이 아니라 두 명이서 노래하고 춤춰요

이마에 주름이 잡히고 싶지 않아요!

과거의 슬픔은 모두 끝났기 때문이죠

오, 베스, 내 베스


포기, 난 이제 당신 여자예요!

그래요, 그래요!

그리고 난 절대 아무 데도 안 갈 거예요

당신이 함께 즐기지 않는 한이요

내 이마에 주름이 하나도 없어요, 어떻게요?

하지만 난 안 가요! 내 말 들리나요?

갈 거면 여기 있을 거예요


포기, 난 이제 당신의 여자예요

영원히 당신의 여자요



　마을 사람들은 모두 키티와 섬으로 소풍을 떠납니다. 하지만 포기는 집에 남기로 합니다. 그는 자기 대신 베스만이라도 가서 즐거운 시간을 보내기를 바랍니다. 그렇게 베스는 키티와 섬으로 떠납니다.


　소풍에서는 댄스파티가 열리고, 사람들은 모두 흥겹게 춤추며 마시고 떠듭니다. 그런데 이 섬에는 로빈스 살인 사건 이후 숨어들어온 크라운이 머물고 있었습니다.

　크라운은 베스를 되찾기 위해 모습을 드러내기로 합니

다. 그와 같이 있던 졸개들이 젊은 아가씨들도 많은데 무엇 때문에 늙은 베스를 잊지 못하냐고 묻지만, 크라운은 그들의 말을 신경도 쓰지 않습니다.

결국 베스 앞에 나타난 크라운. 베스는 그를 보고는 경멸하듯 자리를 피합니다. 화가 치민 크라운은 베스를 근처 숲으로 데려가 내동댕이칩니다.

일주일 후쯤 집으로 돌아온 베스는 정신착란에 걸린 듯 헛소리를 늘어놓습니다.

그러다 열이 내리고 진정한 베스는 만일 크라운이 자신을 끌고 가기 위해 찾아온다면 포기를 사랑한다고 말하겠다고 합니다. 포기는 크라운에게서 베스를 보호하겠다고 약속합니다.

창밖에는 폭풍이 몰아칩니다. 포기의 옆방에 사는 클라라는 고기를 잡으러 바다에 나간 남편 제이크를 걱정하며 아기를 안고 노래합니다.

그런데 누군가가 포기의 방문을 두드립니다. 바로 크라운이었습니다. 포기와 크라운은 언쟁을 벌이기 시작합니다.

그때 옆방에서 비명이 들립니다. 클라라가 남편 제이크의 배가 뒤집혀 침몰하는 것을 목격하고 소리를 지른 것이죠.

베스는 누구라도 제이크를 구해야 한다고 소리치지만 아

무도 엄두를 내지 못합니다. 오직 배짱 좋은 크라운만이 제이크를 구하러 갑니다.

어느새 폭풍은 잠잠해졌습니다. 바다로 뛰어든 크라운은 다행히 목숨을 잃지 않고 돌아왔습니다. 그러나 경찰을 피해 포기의 방에 숨으려던 크라운은 포기에게 발각되고 포기는 크라운의 목을 졸라 죽입니다.

백인 형사는 로빈스의 아내 세레나에게 누가 크라운을 죽였는지 묻습니다. 며칠 전, 세레나가 슬픔과 억울함을 참다못해 크라운이 남편을 살해했다고 고발했지만, 증인들이 로빈스가 죽을 당시 세레나는 아파서 정신이 온전치 않았다고 증언하여 크라운은 무혐의로 풀려난 일이 있었기 때문입니다.

그러나 형사는 세레나가 크라운의 목을 졸라 죽이기는 어렵다고 판단하여 세레나를 심문 대상에서 제외합니다.

대신 형사들은 포기를 범인으로 지목하고 그에게 크라운의 시신을 확인하라고 합니다. 포기가 형사들에게 끌려가기 전, 스포틴은 포기에게 "형사들이 범인을 잡아내는 수법은 이런 것이다."라고 말합니다. 그리곤 베스에게 접근해 포기는 살인범이 되었으니 함께 뉴욕으로 가는 배를 타자고 유혹합니다.

하지만 포기는 일주일이 지나자 집으로 돌아옵니다. 마을 사람들은 환호하며 포기를 환영합니다. 포기는 살해 증거가 없어 풀려났다며 마을 사람들에게 선물을 돌립니다. 감옥에서 지내는 동안 카드 내기를 하며 상당한 돈을 얻었다면서요.

이후 포기가 베스를 찾자, 사람들은 그녀가 방금 스포틴과 함께 뉴욕으로 가는 배를 탔다고 얘기합니다. 상황을 파악한 포기는 사람들에게 자신의 염소와 휠체어를 가져다달라고 부탁합니다. 아무리 힘들지라도 뉴욕에 가서 베스를 찾고야 말겠다는 그의 선언을 끝으로 막이 내립니다.

### I loves you, Porgy

난 포기를 사랑해

사랑해, 포기

그가 날 데려가지 못하게 해

그가 나를 다루지 못하게 해

그리고 날 미치게 해


날 잡아줄 수만 있다면

나는 여기 있고 싶어

영원히 너와 함께라면 난 기쁠 거야

사랑해, 포기

그가 날 데려가지 못하게 해

그가 나를 다루지 못하게 해

그의 뜨거운 손으로

날 잡아줄 수 있다면


나는 여기 있고 싶어

영원히 너와 함께

---

## Oh, Lord, I'm on my way
오, 주여, 나의 길을 가렵니다

오, 주여, 나의 길을 가렵니다

천국으로 가는 길을요

나는 그 길고 긴 길을 갈 겁니다

당신이 내 손을 인도해 준다면


오, 주여, 나의 길을 가렵니다

천국으로 가는 길을요

오, 주여, 멀고 먼 길이지만

당신은 내 손을 잡으러 갈 것입니다

이 작품은 조지 거슈윈(George Gershwin)이 작곡하고, 듀보즈 헤이워드(DuBose Heyward)가 대본을 쓰고, 아이라 거슈윈(Ira Gershwin)과 헤이워드가 가사를 쓴 3막의 영어 오페라입니다. 대본은 헤이워드의 소설 《포기》, 그리고 헤이워드가 아내 도로시 헤이워드와 공동 집필한 동명의 희곡을 기반으로 작성되었습니다. 그 때문에 원작과 희곡, 오페라 모두 아프리카계 미국인의 삶을 다루고 있습니다.

〈포기와 베스〉는 작품 곳곳에 재즈나 가스펠, 흑인 영가(Negro Spiritual, 아메리카 흑인의 그리스도교 음악), 블루스 등의 미국적 요소들이 녹아 있어 가장 미국적인 오페라라는 평을 받고 있습니다.

또한, 작품의 형식이 뮤지컬과 오페라의 경계에 놓여 있는 것이 큰 특징입니다. 실제로 레치타티보(Recitative, 대사 내용에 중점을 둔 서창)를 대사로 바꾸고 오케스트레이션을 줄여 브로드웨이에서 오랫동안 뮤지컬로 공연하기도 했습니다.

작곡가 거슈윈이 10년 이상 갈고 닦은 음악 기법으로 이 작품은 피아노 환상곡으로 편곡되었습니다. 그리고 직접 경험한 흑인들의 생활이 담겨 있어 영화로도 각색되었습니다.

이처럼 다양한 방식으로 〈포기와 베스〉의 이야기가 재창작되는 것은 이 작품이 대중에게 오랜 사랑을 받아왔음을 알려줍니다.

작품 속 곡들 역시 상당히 대중적인 편입니다. 특히 처음으로 등장하는 '섬머타임'은 널리 알려진 유명한 곡인데, 배역과 절묘하게 어우러져 개성 있는 연기를 돋보이게 하는 데 최적화되어 있습니다. 이는 유럽 작곡가들의 오페라와 달리 2중창, 3중창은 잘 사용하지 않고, 주로 솔로 아리아로 이루어져 있기 때문이기도 합니다.

작품 속 솔로 아리아를 소화하는 가수들은 가창력과 연기, 모든 측면에서 높은 수준의 퍼포먼스를 선보입니다. 이들의 특색 있는 목소리와 무대 위의 생동감에 집중하다 보면, 관객들은 어느새 미국 해안가 마을에서 〈포기와 베스〉와 함께하고 있을 것입니다.

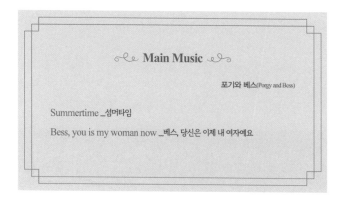

### ❧ Main Music ❧

포기와 베스(Porgy and Bess)

Summertime _섬머타임

Bess, you is my woman now _베스, 당신은 이제 내 여자예요

My man's gone now _내 남자는 이젠 떠났어

I loves you, Porgy _난 포기를 사랑해

It ain't necessarily so _꼭 그런 건 아니야

A woman is a sometime thing _여자는 가끔 그런 존재야

Oh! the train is at the station _오! 기차가 역에 도착했어

Gone gone gone _사라져 사라져 사라져

A red-headed woman _빨간 머리의 여자

I Got Plenty o' Nuttin' _아무것도 없네

포기와 베스의
대표곡을 감상해 보세요.

# 황금보다
# 값비싼 사랑

: 서부의 아가씨 *La Fanciulla del West*

금을 캐러 온 이민자들의 안식처가 되어주는 술집, 폴카. 폴카의 여주인 '미니'는 자립심 강한 여성으로, 술집을 운영하며 광부들에게 여러 방면으로 도움을 주고 있었습니다. 성경을 가르치기도 하고, 카드놀이를 하며 시간을 때우는 광부들이 도박에 재산을 날리지 않도록 자금을 관리해주기도 하면서요.

이런 그녀에게 많은 광부가 관심을 보였습니다. 그중에서도 특히 '랜스'라는 보안관은 그녀에게 적극적인 구애를 펼쳤습니다.

그러나 결혼할 마음이 없던 미니는 고향에 계신 자신의 부모님처럼 진정으로 사랑하는 사람을 만나 결혼하겠다며 마음을 열지 않습니다.

한편, 광부들 사이에서 도적 '래머레즈'를 잡는 일이 뜨거운 화두로 오릅니다. 그들은 래머레즈가 술집에 보관된 금을 훔칠까 두려워 조를 짜서 경비를 서기도 합니다.

이러한 상황에 작은 금광을 소유한 '애시비'가 술집을 찾아옵니다. 그가 무법자 래머레즈를 저쪽 골짜기에서 보았다고 이야기하지만, 광부들은 그의 말이 헛소리라고 생각하여 신경 쓰지 않습니다.

그때 누군가 술집으로 들어옵니다. 바로 래머레즈였습니다. 술집의 한쪽 벽에 래머레즈의 현상 포스터가 붙어 있었지만 아무도 그를 현상 포스터 속의 사나이라고 생각하지 않았습니다. 래머레즈가 자신을 '딕 존슨'이라고 소개했기 때문이죠.

미니는 존슨에게 첫눈에 반합니다. 과거 여인에게 배신당해 괴로워하던 존슨(즉, 래머레즈)도 미니를 본 순간 의지할 수 있겠다고 생각합니다. 서로 마음이 통한 두 사람은 함께 왈츠를 추기 시작합니다.

질투심에 사로잡힌 보안관 랜스는 이방인 존슨의 신분이 의심된다며 광부들을 선동하려 하지만, 미니가 그의 신분을 보증하겠다고 나섭니다.

때마침 래머레즈의 부하 '카스트로'가 붙잡혀 들어옵니다. 카스트로는 평소 래머레즈에게 원한을 품고 있었다며,

원한다면 그가 있는 곳으로 안내해 주겠다고 합니다.

제안을 받아들인 광부들과 랜스는 눈보라가 몰아치는 혹독한 날씨를 뚫고 래머레즈를 잡으러 떠납니다.

모두가 떠나고 술집에는 미니와 래머레즈만 남게 됩니다. 사실 그는 금을 훔치기 위해 카스트로와 작전을 짜 의도적으로 술집에 들어온 것이었습니다.

하지만 미니와 사랑에 빠져버린 래머레즈는 계획대로 행동하지 않습니다. 이 사실을 모르는 미니는 래머레즈를 향한 마음을 드러내며 자신의 집에 초대합니다.

### Minnie, dalla mia casa son partito
미니, 나는 집을 떠났다오

미니, 내가 집에서 떠났을 때
산 너머, 다른 바다의 해안에서

미니, 아무도 후회하거나 따라오지 않았어
아무도 내가 떠날 때 눈물을 흘리지 않았어!

아무도 나를 사랑하지 않았고
나는 아무도 사랑하지 않았지
아무것도 나에게 즐거움을 주지 않았어!

내 마음 깊은 곳에

나는 도박 중독자의 심장을 가지고 있어

사랑과 운명을 비웃는

나는 여행을 시작했지

황금의 매력에만 끌리는

이것만이 나를 속이지 않았으니


하지만 당신과의 키스를 위해

난 금은보화를 포기할 거야

---

### Laggiù nel Soledad
옛날에 솔레다드에 살 때

옛날에 솔레다드에 살 때,

나는 작았어요


담배를 피웠죠

부엌 위에 술집에서


나는 그곳에서 부모님과 함께 살았어요

아! 내가 기억하는 모든 것

나는 사람들이 저녁에 드나드는 것을 봐요

엄마는 요리사와 웨이트리스로 일하고

아빠는 카드 게임이나 '파라오'를 했죠

작고 멋진 발을 가진

엄마, 그녀는 아름다웠어요


밤이 되자 래머레즈는 하룻밤 신세를 지기 위해 미니의 거처를 찾습니다. 둘은 서로의 마음을 나누며 행복한 시간을 보냅니다.

그러나 달콤한 순간도 잠시, 랜스와 광부들이 존슨이 래머레즈라는 사실을 알아채고 그를 잡기 위해 미니의 집으로 몰려옵니다. 미니는 래머레즈를 본 적이 없다고 둘러대며 그를 숨깁니다. 광부들은 래머레즈가 멀리 산속으로 도망갔다고 생각하며 돌아갑니다.

광부들과 달리 의심이 많았던 보안관 랜스는 떠나지 않고 계속 그 주변을 순찰합니다. 그리고 잠시 후, 정체를 숨기고 거짓말을 했다는 이유로 미니의 집에서 쫓겨난 래머레즈를 발견합니다. 랜스는 가지고 있던 총으로 래머레즈를 쏩니다.

문 앞에서 상처를 입은 래머레즈는 어쩔 수 없이 다시 미니의 집으로 들어섭니다. 피를 흘리는 래머레즈를 본 미니는 마음이 약해져 그를 다시 거두어줍니다. 래머레즈는 황급히 2층에 몸을 숨깁니다.

얼마 지나지 않아 보안관 랜스가 문을 박차고 들어섭니다. 미니는 랜스와 말다툼을 벌이며, 래머레즈가 자기 집에 없다고 잡아뗍니다. 하지만 천장에서 핏방울이 떨어지는 바람에 거짓이 탄로 납니다. 래머레즈는 그 자리에서 랜스에게 체포됩니다.

미니는 래머레즈를 구하기 위해 랜스에게 카드놀이를 제안합니다. 자신이 이기면 래머레즈를 놓아주고, 랜스가 이기면 래머레즈를 붙잡을 수 있게 할 뿐만 아니라 미니까지 랜스와 함께하겠다는 조건이었습니다. 미니의 조건을 들은 랜스는 게임을 수락합니다.

둘 다 한판씩 승리한 상황. 자신이 불리해지자 초조해진 미니는 일부러 기절한 척을 하고, 당황한 랜스가 물을 가지러 간 사이 속임수를 써 게임에 이깁니다.

화가 난 랜스가 자리를 떠나버리자 그녀는 기뻐하며 래머레즈의 품에 안깁니다. 래머레즈는 약속대로 풀려나고 또다시 체포되지 않기 위해 즉시 미니의 집을 떠납니다.

그러나 일주일 후, 래머레즈는 다시 체포당합니다. 랜스는 그에게 즉시 교수형을 선고하고 래머레즈는 자신은 살인에 가담한 적이 없으니 사형은 부당하다고 항변합니다. 그러나 랜스는 그의 뺨을 때리며 목에 밧줄을 감습니다.

이 소식을 들은 미니는 말을 타고 달려와 마을 사람들에게 그를 교수형에 처하지 말아 달라고 간청합니다. 광부 중 하나인 '소노라' 또한 그동안 헌신한 미니를 봐서라도 래머레즈를 석방해 주자고 설득합니다.

미니의 사랑에 감동한 마을 사람들은 래머레즈가 미니와 함께 떠나는 것을 허락합니다. 캘리포니아에 작별 인사를 건넨 미니와 래머레즈는 서로에게 의지하며 새로운 삶을 시작하기 위해 떠나갑니다.

### Minnie, che dolce nome
미니, 정말 좋은 이름이야!

미니, 정말 좋은 이름이야!

마음에 들어?

아주 많이!

널 처음 봤을 때부터 사랑했어


아니, 나를 쳐다보지 마!

내 말을 듣지 마!

미니, 절망적인 꿈이야

왜 그런 말을 하는 거야?

내가 가난한 여자라는 걸 알아


하지만 널 만났을 때,

나는 스스로에게 말했어


그는 완벽해,

그는 나를 가르칠 거야

그가 나를 원한다면,

그는 나를 가질 거야

---

## Ch'ella mi creda libero e lontano
### 자유의 몸이 되어 떠났다고 믿게 해 주오

내가 자유의 몸으로

새로운 해방의 길 위에 있다고 믿는 그녀

내가 돌아오기를 기다리겠지

그리고 날들은 흘러가겠지……

날들은 지나갈 거야……

그리고 나는…… 나는……

나는 더 이상 돌아오지 않을 테지……


미니, 나의 인생에 유일한 나의 꽃이여

미니, 나를 너무도 사랑한 당신

너무도 사랑한…… 아……

당신은 나의 인생에 유일한 나의 꽃

---

### Oh! se sapeste come il vivere è allegro
오! 삶이 얼마나 즐거운지 알았으면 좋겠어요

오! 삶이 얼마나 즐거운지 알았으면 좋겠어요!

작은 꽃향기를 타고 날아가는 작은 말 한 마리가

저 멀리 시골로 나가서, 노랑수선화 들판에서

타오르는 카네이션으로 깊은 강변을 따라서,

그 냄새를 풍기는 곳에 재스민과 바닐라가 피어납니다!


그런 다음 나는 내 소나무들로 시에라 산맥의 봉우리로 돌아와서

하늘과 가까워져서 신이 지나가시는 것 같아

그 손이 기울어지는 것처럼, 땅에서 먼 곳에서,

하늘 문을 두드리고 들어가고 싶어져요!



〈서부의 아가씨〉는 1907년 자신의 출세작을 공연하러 뉴욕에 갔던 자코모 푸치니(Giacomo Puccini)가 브로드웨이에서 미국 작가 데이비드 벨라스코의 신작 연극 '황금시대 서부의 아가씨'를 보고 작곡한 오페라입니다.

'황금시대 서부의 아가씨'에 영감을 받은 푸치니는 이탈리아 대본가 카를로 찬가리니, 구엘포 치비니니와 함께 작품을 완성했습니다.

뉴욕에서 초연을 선보였기에 무대 곳곳에 미국적 요소가 스며들어 있습니다. 특히, 특수 타악기로 미국의 분위기를 표현합니다.

또한, 미국 서부의 황금 열풍을 배경으로 한 오페라로서, 대부분 서민인 주역들과 비련의 여자 주인공을 내세워 대중적인 인기를 얻었습니다.

비극적인 상황에서도 꿋꿋하게 사랑을 지키려는 미니의 서정적인 아리아는 관객들의 동정을 불러일으키며 극에 몰입감을 더합니다. 미니가 자신의 사랑이 이루어지기만을 노래한 인물이 아니라, 광부들을 돌보며 꾸준히 선한 모습을 보인 인물이기에 관객은 더욱 미니의 사랑을 안타깝게 여깁니다.

마침내 미니가 자신의 사랑을 쟁취할 때, 관객들은 당차고 소신 있는 그녀의 모습에 고개를 끄덕이게 될 것입니다.

미니의 삶과 사랑에 공감하시나요? 미니와 같은 상황이라면 우리는 어떤 선택을 할 수 있을까요?

래머레즈가 황금 대신 미니의 마음을 훔쳤듯, 관객들은

〈서부의 아가씨〉에 마음을 뺏길지도 모릅니다.

## ❧ **Main Music** ❧

서부의 아가씨(La Fanciulla del West)

Ch'ella mi creda libero e lontano _자유의 몸이 되어 떠났다고 믿게 해 주오

Or son sei mesi _이제 6개월이 지났어요

Che faranno i vecchi miei _내 부모님은 무슨 일을 할까요

Minnie, dalla mia casa son partito _미니, 나는 집을 떠났다오

Laggiù nel Soledad _옛날에 솔레다드에 살 때

Oh! se sapeste come il vivere è allegro _오! 삶이 얼마나 즐거운지
　　　　　알았으면 좋겠어요

Io son che una povera fanciulla _나는 가난한 소녀일 뿐이에요

**서부의 아가씨**의
대표곡을 감상해 보세요.

PART 3

# 악을 처단하라

: 혼란스러운 세상 속에 한 줄기 빛

　이 장의 다섯 작품에서는 오페라 가수들이 명예를 되찾기 위한 곡을 부릅니다. 영악한 사람들은 이제 순수한 사랑을 바보 취급하고 마음을 이용해 욕구를 채우려 합니다. 사회는 점점 아수라장이 되어가고 모두가 남을 생각하지 않는 이기적인 태도만을 보여줍니다.

　하지만 주인공의 행보는 다릅니다. 그는 선하고 약한 사람을 돕고, 나쁘고 악한 사람을 처단합니다. 자극적인 이야기에 중독되어 있던 관객들은 색다른 카타르시스를 느끼며 착하게 살겠다고 다짐합니다.

　남들이 나쁜 짓을 하니까 나도 나쁜 짓을 할 거라고 생각하던 시절은 이제 끝났습니다. 사람들은 영웅에 환호하고 악당을 혐오합니다. 그렇게 혼란스러운 세상 속에 한 줄기 빛이 다다릅니다.

# 진정한 사랑을
# 모르는 자의 최후

: 돈 조반니 *Don Giovanni*

막이 열리자, '돈 조반니'의 하인 '레포렐로'가 신세를 한탄하며 불평의 노래를 부릅니다.

스페인 기사장 저택의 정원, 때는 밤. 그때, '돈나 안나'가 돈 조반니를 죽어도 놓지 않겠다며 쫓아갑니다. 안나를 겁탈하려던 돈 조반니는 얼굴을 가린 채 뛰어갑니다. 갑작스러운 소동에 레포렐로는 그림자 뒤에 숨어 놀랐습니다.

이어서 안나의 아버지 기사장과 돈 조반니의 결투가 벌어집니다. 그 결과 기사장은 칼에 맞고 쓰러지고 맙니다.
도움을 청하는 기사장을 불쌍히 여기는 돈 조반니. 그러나 기사장은 곧 숨을 거둡니다. 이 모든 광경을 지켜보던 레포렐로는 공포에 떨며 무서운 죄라고 중얼거립니다.

집 안으로 들어갔던 안나와 약혼자 '오타비오', 하인들이 등장하여 기사장의 시신을 발견합니다. 이 모습을 목격한 안나는 정신을 잃었다가 깨어납니다.

시신은 다른 곳으로 옮겨지고 안나는 아버지의 죽음을 슬퍼합니다. 약혼자였던 오타비오는 복수를 맹세합니다.

날이 밝은 새벽의 길거리에서 돈 조반니와 레포렐로는 한 여자를 목격합니다. 그 여자는 돈 조반니에게 버림받았던 '엘비라'였습니다.

그녀는 흥분한 목소리로 복수의 노래를 부르며 자신에게 창피를 준 무정한 남자를 찾고 있었습니다. 그녀가 엘비라인 줄 모르고 접근했던 돈 조반니는 깜짝 놀라서 레포렐로에게 뒷수습을 부탁하고는 도망칩니다.

레포렐로는 상황을 모면하기 위해 돈 조반니의 애인들 명부를 보여주며 카탈로그 노래를 부릅니다. 이탈리아에는 640명, 독일에는 231명, 프랑스에서는 100명, 터키에서 91명, 그리고 스페인에는 무려 1,003명에 달하는 애인이 있다는 내용이었습니다. 노래를 들은 엘비라는 그 엄청난 숫자에 기가 막힙니다.

한편, '마제토'와 '체를리나'의 약혼잔치가 벌어집니다. 체를리나는 농민들과 함께 '사랑을 하는 여자분들, 때를 놓치지 마시길'이라는 노래를 부릅니다.

끝으로는 마제토가 '생각이 많은 젊은이들, 찾아다니지 마시라'를 부르며 마을 남녀의 사랑을 부추깁니다.

이를 발견한 돈 조반니는 체를리나를 유혹할 마음을 먹습니다. 그리곤 레포렐로에게 사람들을 모두 자신의 저택으로 불러 대접하라고 이릅니다.

이후, 돈 조반니는 체를리나를 제외하고 모두 돌아갈 것을 요구합니다. 마제토는 체를리나를 두고 갈 수 없다고 하지만, 돈 조반니는 칼을 빼 들고 마제토를 위협합니다. 마제토는 할 수 없이 체를리나를 두고 떠납니다.

둘만 남게 되자 돈 조반니는 체를리나처럼 아름다운 여자가 저런 시골뜨기의 신부가 되어서는 안 된다며 그녀를 설득합니다.

유혹적인 말에 차츰 마음이 흔들리는 체를리나. 끝까지 망설이던 그녀는 결국 감미로운 선율로 손을 잡기를 종용하는 돈 조반니의 노래에 굴복합니다. 둘은 2중창을 부르며 행복해합니다.

두 사람이 팔짱을 끼고 떠나려는 찰나, 엘비라가 등장해 돈 조반니에게 달려듭니다. 그리곤 체를리나에게 "이 사람에게 속지 말라."라며 충고합니다. 돈 조반니의 실체를 알게 된 체를리나는 엘비라와 함께 퇴장합니다.

## La ci darem la mano

그 손을 내게 줘요

그 손을 내게 줘요

저기에서 내게 그러겠다고 말할 거요

보시오 멀지 않잖소

갑시다 내 사랑 여기에서 떠납시다


가고도 싶고, 안 가고도 싶네요

가슴이 좀 떨려요

그래요, 행복하겠죠

그런데 날 놀리는 건가요


## Don Ottavio.. son morta! Or sai chi l'onore

나의 순결을 빼앗으려 한 자 아버지를 죽인 자, 이제는 너를 안다

그 파렴치한은 불쌍한 아버지보다

더욱 힘이 강했습니다

그가 범죄를 저질렀습니다

아버지를 죽였습니다


이제 당신은 압니다

누가 명예를 나에게서 빼앗아 가려 했는지

배반자가 누구인지

내 아버지를 나에게서 빼앗아 간

복수를 당신에게 요구합니다

나는 그것을 요구합니다 당신의 마음이


기억하세요 그 상처를

불쌍한 가슴의 상처를


　체를리나가 떠난 후, 돈 조반니는 우연히 안나와 오타비오를 만납니다. 안나는 아버지를 죽인 그를 알아보지 못하고 돈 조반니는 안심합니다.

　하지만 곧 엘비라가 나타나 돈 조반니에게 속지 말라고 경고합니다. 엘비라를 미친 사람으로 오해했던 안나와 오타비오는 엘비라의 진지한 이야기를 차츰 믿기 시작합니다.


　마침내 안나는 돈 조반니가 지난밤 자기를 겁탈하려던 남자임을 깨닫습니다. 오타비오에게 자초지종을 설명한 그녀는 자신의 명예를 빼앗으려 하고 아버지를 잃게 한 돈 조반니에게 복수해달라고 요구합니다. 오타비오는 이를 받아들입니다.

　한편, 체를리나는 화가 난 마제토를 달래고 있었습니다. 체를리나의 노력에 마제토는 결국 그녀를 이해해 주기로 합니다.

그러나 그때, 돈 조반니가 다시 나타납니다. 체를리나는 그를 피해 도망치고 마제토는 체를리나가 당당하지 못하다 며 비난합니다. 돈 조반니는 체를리나와 마제토를 무도회가 열리는 자신의 집으로 데려갑니다.

안나, 엘비라, 오타비오가 가면을 쓰고 무도회에 등장합 니다. 세 사람을 발견한 레포렐로는 돈 조반니에게 이 사실 을 알립니다. 돈 조반니는 그들을 모시라고 명령합니다.

연주에 맞춰 춤추는 사람들. 그때 갑자기 체를리나의 비 명이 들려옵니다. 돈 조반니가 버릇을 못 고치고 그녀를 유 혹했기 때문이었습니다.

그녀의 비명에 당황한 돈 조반니는 레포렐로에게 칼을 들이대며 범인으로 몰아갑니다. 하지만 아무도 믿지 않습니 다. 안나, 엘비라, 오타비오는 가면을 벗고 이들을 추궁합니 다. 돈 조반니와 레포렐로는 궁지에 몰리게 됩니다.

다음 날 저녁, 엘비라의 집 근처. 레포렐로는 지난밤 사건 에 치가 떨려 하인 노릇을 그만두려 합니다. 그러나 돈 조반 니가 돈을 주며 달래자 쉽게 타협합니다.

돈 조반니는 새로 눈독을 들인 엘비라의 하녀를 유혹하 기 위해 억지로 레포렐로와 옷을 바꿔입습니다.

그 시각, 엘비라는 발코니에서 돈 조반니를 비난하면서도 남아 있는 사랑을 노래합니다. 그러자 돈 조반니의 행색을 하고 있던 레포렐로가 나타나 그녀와 사랑의 말을 교환합니다.

숨어서 보고 있던 돈 조반니는 살인자 흉내를 내어 이들을 쫓아버립니다.

그러나 곧 돈 조반니를 잡기 위해 무장한 마제토와 농민들이 들이닥칩니다. 돈 조반니는 레포렐로인 척하며 상황을 모면합니다.

돈 조반니를 찾아 모두가 흩어지고 마제토와 단둘이 남게 된 상황. 그는 돈 조반니를 죽이려는 마제토를 말리려고 하지만 마제토가 이를 듣지 않자 그를 때리고 도망칩니다. 레포렐로 역시 마제토와 체를리나를 마주치는 바람에 정체를 들키고 도망칩니다.

달밤이 찾아오고, 기사장의 입장이 있는 묘지에서 우연히 재회한 돈 조반니와 레포렐로. 돈 조반니는 레포렐로에게 그동안의 무용담을 늘어놓습니다.

그러자 "네 웃음도 오늘 밤뿐이다."라는 소리가 들리고 기사장의 석상에 '나를 죽인 악당의 복수를 여기서 기다린다'라는 글자가 보입니다. 무서워진 돈 조반니는 레포렐로를 끌고 그곳에서 벗어납니다.

저택의 방으로 돌아온 돈 조반니는 시중을 받으며 식사를 시작합니다. 그런 그에게 엘비라가 찾아와 마지막으로 생활을 올바르게 고칠 것을 충고합니다. 돈 조반니가 함께 식사나 하자며 그녀의 충고를 대수롭지 않게 여기자, 엘비라는 화를 내며 뛰쳐나갑니다.

그러나 잠시 뒤, 그녀는 비명을 지르며 다시 뛰어 들어와 다른 문으로 나가버립니다. 레포렐로 역시 "대리석으로 된 하얀 사나이가 오고 있다."라며 소리칩니다.

이어서 문을 두드리는 소리가 납니다. 레포렐로는 숨어버리고 돈 조반니는 손수 문을 열어줍니다. 석상은 돈 조반니에게 자신이 있는 곳으로 와달라고 말합니다.

돈 조반니는 가겠다고 약속한 뒤 악수를 청해오는 석상의 손을 잡습니다. 그는 석상의 손이 너무 차가워 손을 떼려고 했지만 뗄 수가 없었습니다.

석상은 최후의 순간이라며 마음을 바꾸라고 말하지만 돈 조반니는 싫다며 끝까지 고집을 부립니다. 그의 고집에 단념한 석상은 이제 시간이 없다는 말을 남기고 떠납니다. 그러자 곳곳에 불길이 솟고 천지가 진동합니다.

지하에서 '죄에 대한 보답'이라는 악마의 합창이 들리고 돈 조반니는 외마디 소리와 함께 불길 속으로 떨어집니다. 레포렐로는 두려움에 질려 비명을 지릅니다.

### Il mio tesoro intanto
내 연인을 위로해 주세요

사랑하는 사람을 위해서

원한을 풀 때가 왔다


눈물을 닦고 원수를 갚자

원한을 풀고 위로하자 빨리

그이를 위해서 원수를 갚자


그날은 가까이 왔다

그날은 가까이 왔다

---

### Don Giovanni a cenar teco
돈 조반니의 만찬

어떤 이상한 떨림이

내 정신을 습격하고 있어!

어디서 이런 불씨가 피어나

무서움 가득한 불씨들이?

네 죄는 충분해!

이보다 더 심한 고통이 있어!


누가 내 영혼을 찢어버리나?

누가 내 내장을 흔들어 놓나?

어떤 고통, 아아, 어떤 열기!

어떤 지옥, 어떤 공포!

〈돈 조반니〉는 비장하고 어두운 분위기의 D단조 음악으로 시작합니다. 이는 모차르트(Wolfgang Amadeus Mozart)가 마지막 숨을 거둘 때까지 손에 쥐고 있던 작품 '레퀴엠'과 같습니다.

모차르트에게 죽음과 D단조는 특별한 관련이 있는 것처럼 보입니다. 그런 D단조의 음악으로 시작하는 이 작품은 서곡처럼 희극과 비극이 혼재하는 특별한 오페라입니다.

또 하나의 특별한 점은 주인공인 돈 조반니의 솔로 아리아가 없다는 것입니다. 단지 1막에서 돈 조반니가 부르는 '술 마시고 나면'만이 아리아의 형식을 갖추고 있습니다.

하지만 일반적으로 오페라에 등장하는 인물에게는 최소한 하나의 아리아가 주어지며 중요한 인물들은 두세 곡의 아리아를 노래합니다.

솔로 아리아가 없는 등장인물은 하찮은 역으로 간주됩니다. 엘비라, 안나, 오타비오, 심지어 하인 계급의 마제토와 체를리나까지 여러 아리아가 있는데 오페라의 제목이기도

한 주인공 돈 조반니만 아리아가 적은 이유는 무엇일까요?

죄가 많은 돈 조반니, 진정한 사랑을 모르는 돈 조반니에게 아리아를 배정하기 어려웠나 봅니다. 돈 조반니는 자신의 얼굴로 아리아를 부를 수 없는 인물이었던 셈입니다.

돈 조반니가 오페라의 끝부분에서 지옥으로 사라진 후, 모든 등장인물은 죄인은 처벌받는다며 권선징악을 노래합니다. 교훈적 내용으로 오페라를 끝맺는 분위기는 분명 오페라 부파(Opera buffa, 이탈리아어로 쓰인 가벼운 내용의 희극적인 오페라)입니다.

그러나 끝까지 자신의 죄를 뉘우치지 않는 돈 조반니의 종말은 오페라 세리아(Opera seria, 그리스 신화나 고대의 영웅담을 제재로 한 엄숙하고 비극적인 이탈리아 오페라)입니다. 결국 〈돈 조반니〉는 비극적 내용을 희극적 오페라 형식으로 완벽하게 녹여낸 모차르트의 걸작이라고 할 수 있습니다.

관객들은 진지한 극을 의미하는 '드라마(Drama)'와 코믹함을 뜻하는 '지오코소(Giocoso)'의 두 요소를 넘나들며 희극적인 상황 이면에 나타난 인간 개인의 다양한 본성을 엿볼 수 있습니다.

오페라의 서사를 쫓으며 관객들은 권선징악, 그 이상의 의미를 생각하고 진정한 사랑의 의미와 타인에게 저질렀을지도 모르는 죄악에 대해 깊이 사유할 수 있습니다.

## ✧ **Main Music** ✧

**돈 조반니**(Don Giovanni)

La ci darem la mano _그 손을 내게 줘요

Madamina il catalogo e questo _부탁이네, 여자들 목록이 이거야

Il mio tesoro intanto _내 연인을 위로해 주세요

Vedrai carino _친절하게 보일 것이다

Fin ch'han dal vino _와인을 마시는 한

Deh, vieni alla finestra _창가로 오라, 그대여

Notte e giorno faticar _밤낮으로 고생해

Batti batti bel Masetto _두드려라, 예쁜 마제토여

Mi tradi quell'alma ingrata _그 불성실한 영혼이 나를 배신하다니

Dalla sua pace _그의 평온함으로부터

Don Giovanni a cenar teco _돈 조반니의 만찬

Ah! chi mi dice mai _아, 누가 날 믿겠단 말이야

**돈 조반니**의
대표곡을 감상해 보세요.

# 밤의 여왕의
# 노래

: 마술피리 *Die Zauberflöte*

　　서곡이 끝나자 '타미노' 왕자가 길을 걸어가다 커다
란 뱀을 맞닥뜨립니다. 놀란 타미노 왕자는 기절하고, 뱀이
왕자를 잡아먹으려는 순간 세 명의 여인이 나타나 타미노
왕자를 구해 줍니다.

　　뱀 괴물을 제압한 세 여인은 밤의 여왕의 시녀들입니다.
뱀을 처리한 뒤, 이들은 쓰러져 있는 타미노에게 모두 반해
버립니다. 그들은 왕자의 얼굴을 보자마자 서로 자기가 그
를 지키겠다고 떠들지만, 결국 그의 곁을 지킬 사람을 정하지
못한 채 여왕에게 이 일을 알리러 간다며 함께 퇴장합니다.

　　시녀들이 떠나고 정신을 잃었던 타미노가 깨어납니다. 그
는 뱀 괴물이 죽었다는 것을 알고 누가 자신을 구해 주었는
지 궁금해합니다.

　　그때 근처에서 팬플루트(갈대나 금속 등을 재료로 하여 각각
길이가 다르게 만든 관을 길이 순서대로 늘어놓고 나란하게 묶은

관악기) 소리가 들려옵니다.

 그 소리를 들은 타미노는 나무 뒤에 숨습니다. 그러자 괴상한 차림의 남자가 팬플루트를 불며 등장합니다. 바로 '파파게노'였습니다.
 타미노는 밖으로 나와 파파게노에게 정체를 묻습니다. 그는 자신이 새잡이라며 자신과 밤의 여왕에 대해 소개합니다. 타미노는 뱀을 죽이고 자신을 구해 준 사람이 당신이냐고 묻습니다. 파파게노는 뱀의 시신을 보고 놀라지만 어깨를 으쓱이며 허풍을 칩니다. 자신이 뱀의 목을 부러뜨려 죽였다고요.

 하지만, 불행하게도 세 시녀가 파파게노의 거짓말을 듣고 맙니다. 시녀들은 파파게노에게 거짓말을 하지 말라며 윽박지릅니다. 파파게노는 시녀들이 매우 화났다는 것을 알고 자신이 잡은 새를 바치지만 소용없었습니다.
 세 시녀는 파파게노의 거짓말을 죄목으로 그의 입에 자물쇠를 걸어버립니다. 그 후, 뱀을 물리친 것이 자신들이라고 타미노에게 알린 시녀들은 한 여인의 초상화를 보여준 뒤 어디론가 떠납니다. 그리고 타미노는 초상화 속 여인에게 반해버립니다.

 타미노는 여인을 향한 사랑의 노래를 부르기 시작합니

다. 그러자 시녀들이 다시 나타나서 "밤의 여왕님께서 당신이 그녀를 구해 주실 거라고 믿고 계십니다. 그 초상화의 여인은 '파미나' 공주님인데, 공주님은 지금 악마 '자라스트로'에게 잡혀 계십니다."하고 얘기합니다.

사랑에 빠진 여인이 잡혀있다는 사실을 안 타미노는 바로 그녀를 구하기로 마음먹습니다.

그때, 밤의 여왕이 등장하여 두려워하지 말라는 내용의 노래를 부릅니다. 일방적인 말을 남기고 사라져버린 밤의 여왕. 타미노는 자신이 꿈을 꾸는지, 정말 여왕을 만난 것인지 혼란스러워합니다.

하지만 그는 모든 것을 꿈이 아니라고 여기며 파미나라는 아름다운 여인을 만날 수 있게 해달라고 신에게 기도합니다.

그런 타미노에게 입에 자물쇠가 채워진 파파게노가 나타납니다. 파파게노는 자물쇠 때문에 말하지 못한 채로 타미노에게 자신을 구해달라고 요청하죠.

하지만, 타미노는 고개를 젓습니다. 도와주고 싶지만, 파파게노가 거짓말을 했으니 벌을 받는 것은 당연하다고 말하면서요.

파파게노가 반성하고 있음을 알게 된 시녀들은 그의 입

에서 자물쇠를 풀어주고, 다시는 거짓말을 하지 않겠다는 다짐을 받아냅니다. 그리고는 타미노에게는 피리, 파파게노에게는 은빛 종을 선사합니다.

타미노는 파파게노와 함께 자라스트로에게 잡힌 파미나를 구하기 위해 오시리스 신전을 향해 떠납니다.

### Der Vogelfänger bin ich ja
나는야 새잡이

나는야 새잡이!

언제나 즐겁고

아, 신난다!


내가 새잡이라는 것을

온 나라 늙은이나 젊은이나 잘 알지

피리 불어 새 꼬시는 데는

내가 최고지


그렇게 나는 즐겁고 행복하다네

모든 새가

다 내 거니까

## Dies Bildnis ist bezaubernd schön
### 이 초상은 매혹적으로 아름다워

이 초상은 매혹적으로 아름다워

이런 눈은 지금까지 본 적이 없어!

천상의 그림처럼 느껴지네

내 마음에 감동이 가득 차

그게 무언지 말을 못 하겠어

하지만 그게 불처럼 타오르는 건 느낄 수 있어

이 기분이 사랑일까?

그래, 그래, 그게 바로 사랑이야

오, 내가 그녀를 발견할 수만 있다면!

오, 그녀가 이미 내 앞에 서 있다면!

나는 따뜻하고 순수해질 거야


장면은 이집트풍의 실내로 옮겨집니다. 자라스트로의 흑인 부하 '모노스타토스'가 보이고, 한 여인이 노예들에게 잡혀 끌려 나옵니다. 그녀가 바로 밤의 여왕의 딸 파미나였습니다.

모노스타토스의 목표는 파미나의 몸을 차지하는 것이었습니다. 파미나는 징그러운 모노스타토스의 행동에 저항하지만, 모노스타토스는 노예들을 시켜서 그녀를 끝내 결박합니다. 파미나는 소파 위에 쓰러집니다.

그 순간 타미노와 동행하다가 촐싹거리는 바람에 길을 잃은 파파게노가 혼자 모노스타토스의 방으로 오게 됩니다. 파파게노와 마주친 모노스타토스는 괴물이라고 소리칩니다. 파파게노 역시 놀라서 숨습니다. 모노스타토스는 도망가 버리고, 파파게노는 소파 위에 쓰러진 파미나를 발견하고 일으킵니다.

깨어난 파미나는 파파게노에게 누구인지 묻습니다. 파파게노는 자신을 먼저 소개한 다음 초상화를 보여주며 타미노와 함께 파미나를 구하러 왔다고 이야기합니다. 그 말을 들은 파미나는 아주 기뻐하고 둘은 함께 밖으로 도망칩니다.

한편 타미노는 대변인에게 붙잡혀 있었습니다. 대변인은 타미노의 앞길을 가로막고 무얼 찾느냐고 묻습니다. 타미노는 악마 자라스트로를 물리치고 '사랑과 미덕을 지닌 것'을 찾는다고 말합니다.

이에 대변인은 타미노를 칭찬하며 자라스트로는 악마가 아니라는 것과 파미나도 무사히 있다는 것을 알려줍니다. 이 이야기를 들은 타미노는 기쁜 마음으로 피리를 붑니다.

그때, 어디선가 파파게노의 팬플루트 소리가 들려오자 타미노는 그 소리가 들리는 쪽으로 향합니다. 돌연 그가 사라지자마자 파파게노와 파미나가 타미노가 있었던 장소에 나타납니다.

그렇게 엇갈리고만 세 사람. 파파게노와 파미나는 타미노의 피리 소리가 들리는 곳으로 달려가려 했지만 실패합니다. 모노스타토스와 그의 졸개들이 계속 쫓아왔기 때문입니다.

위기에 처한 파파게노는 세 시녀에게 받은 은빛 종을 꺼내서 연주합니다. 그러자 모노스타토스와 그의 졸개들은 그 음과 박자에 맞춰 춤을 추기 시작합니다. 그러더니 춤을 추자마자 사라져버립니다.

파파게노와 파미나가 다시 도망치려 하자, 갑자기 웅장한 행진곡 연주와 자라스트로를 찬양하는 목소리가 들려옵니다. 파미나는 절망하며 죄를 고백하기 위해 자라스트로를 만나러 가겠다고 합니다.

파미나는 자라스트로에게 도망치려고 한 자신의 죄와 그 두 가지 이유를 고백합니다. 첫 번째는 모노스타토스가 자신을 능욕하려 했기 때문이었고, 두 번째 이유는 어머니가 보고 싶어서였다고 말합니다.

자라스트로는 파미나를 용서하지만, 어머니인 밤의 여왕에게 돌려보낼 수는 없다고 대답합니다.

이때 파파게노의 팬플루트 소리 때문에 모노스타토스에

게 붙잡힌 타미노가 끌려 나옵니다. 파미나와 타미노는 보자마자 포옹합니다.

이에 질투심을 느낀 모노스타토스는 분개하면서 자라스트로에게 타미노를 벌해 줄 것을 부탁합니다. 하지만 자라스트로는 용서와 미움을 뒤로 한 채 그들에게 정당한 판결을 내립니다. 타미노와 파파게노는 시련의 사원에 들어가도록 하고, 모노스타토스는 발바닥 77대를 맞도록 합니다.

무대는 종려나무 숲으로 바뀌고, 자라스트로와 승려들이 의견을 나누고 있습니다. 타미노가 과연 시련을 잘 극복할 수 있는가에 대한 이야기였습니다.

승려들은 의아한 표정을 짓지만, 자라스트로만이 타미노가 성공할 수 있다고 확신합니다. 자라스트로는 타미노의 앞날을 축복하고 그를 보호해달라며 오스티스와 오시리스에게 기도를 올립니다.

자라스트로가 퇴장하고 파파게노와 타미노가 다른 승려들의 안내로 사원 안에 들어옵니다. 이 자리에서도 파파게노는 여전히 촐랑거립니다.

두 사람을 데려온 승려들은 원하는 것을 얻으려면 모든 시련을 거쳐야 한다고 말합니다. 타미노는 당연히 그 제안을 승낙하고, 파파게노는 망설이다가 한 승려의 얘기를 듣고 나서야 비로소 시련에 들어갑니다.

이제 시련의 시작입니다.

첫 번째 시련은 곧 나타날 세 명의 여자가 부리는 술책을 조심하는 것입니다. 시련이 시작되자마자 타미노와 파파게노 앞에 누군가가 나타나는데, 밤의 여왕의 세 시녀였습니다. 시녀들은 빨리 이 신전을 나오지 않으면 자라스트로에게 죽임을 당할 것이라고 유혹하지만 타미노는 이를 잘 참아냅니다.

타미노와 파파게노는 승려들의 안내로 두 번째 시련의 단계로 넘어갑니다. 배경은 파미나의 침실로 바뀌었습니다. 파미나는 침대에 누워 있고, 자라스트로한테 발바닥을 77대 맞았던 모노스타토스가 들어옵니다. 그렇게 벌을 받았으면서도 모노스타토스는 여전히 파미나에 대한 욕정을 품고 있었습니다.

그때, 밤의 여왕이 화난 얼굴로 등장합니다. 지금까지 타미노와 파파게노를 따라 사원 안으로 몰래 들어와 그들의 시련을 방해하려 했으나 실패했기 때문이었습니다.

파미나는 어머니 밤의 여왕을 보고 기뻐하지만, 밤의 여왕은 딸조차 눈에 들어오지 않습니다. 여왕은 자라스트로를 죽이려는 마음만 가득해 파미나에게 단검을 줍니다. 그리곤 '밤의 여왕의 아리아(Königin der Nacht)'를 열창합니다.

    밤의 여왕의 광기에 가까운 강요에 갈등하던 파미나는
자라스트로와의 대화로 안정을 되찾습니다. 이후 장면이 타
미노와 파파게노로 바뀌면서, 그들과 동행해온 세 시녀가
타미노와 파파게노에게 음식과 피리, 그리고 종을 되돌려주
며 조언합니다.

    그 후, 타미노는 파미나를 만나지만 그녀에게 한마디도
할 수 없었습니다. 시련을 통과하겠다는 맹세와 함께 맺은
서약 때문이었습니다. 타미노의 사정을 알지 못하는 파미나
는 타미노의 사랑이 식은 것으로 착각하여 자리를 떠납니다.

    남은 시련을 마저 완수하기 위해 나아가는 타미노. 한편,
파파게노는 방심하다가 변장하고 나타난 아내가 될 여인인
'파파게나'를 눈앞에서 놓치고 맙니다. 자라스트로는 마지막
시련을 향해 떠나는 타미노를 잠깐이나마 파미나와 만날
수 있게 해 주고, 그를 시련의 장소로 떠나보냅니다.

    그 후, 미쳐가는 파미나를 발견한 세 소년(천사)은 타미노
의 마음은 떠나지 않았다는 말을 전하며 파미나의 자살을
막습니다. 마지막 관문을 앞두고 준비하던 타미노 앞에 정
신을 차린 파미나가 나타나고, 둘은 함께 마지막 관문에 입
성하여 통과합니다.

    그들은 사제들의 축복을 받으며 사원으로 돌아옵니다.
반면, 파파게노는 파파게나를 눈앞에서 놓친 일을 자책하며

스스로 죽음을 선택하려 합니다. 그러나 세 소년(천사)이 파 파게노에게 죽지 말고 종을 울려달라고 제안해 종을 연주하 게 됩니다. 파파게노가 종을 연주하자 파파게나가 다시 나 타나고, 두 사람은 행복한 미래를 떠올리며 퇴장합니다.

장면이 바뀌고 밤의 여왕, 모노스타토스, 세 시녀가 나타 납니다. 이들은 사원에 쳐들어갈 계획을 세우고 있었습니다. 밤의 여왕이 딸 파미나를 모노스타토스에게 주는 대신 모 노스타토스가 앞잡이가 되어 사원에 쳐들어갈 작정이었습 니다. 하지만 자라스트로가 밤의 여왕을 이기게 되면서 그 들의 계획은 실패합니다.

### Der Hölle Rache kocht in meinem Herzen
지옥의 복수심이 내 마음속에 끓어오르고

지옥 같은 복수심이 내 마음에서 끓어오르는구나
죽음과 절망이 내 주위를 불태우는구나!

만약, 네가 자라스트로를 죽이지 않는다면
넌 더 이상 내 딸이 아니니라

너와 나는 영원히 의절할 것이고,
너는 죽을 때까지 나에게 버림받게 될 것이야!

만약, 네가 자라스트로를 죽이지 않는다면

분노의 신이여, 이 어미의 저주를 들어주소서!

---

## Bei Männern, welche Liebe fühlen

사랑을 느끼는 남자의 마음은

사랑을 느끼는 남자들은 착한 마음씨도 갖고 있어요

감미로운 사랑을 함께 나누는 것,

그것이 여자가 먼저 해야 할 일이랍니다

우리는 사랑을 기뻐하고, 사랑으로 한평생 살리라


사랑은 모든 근심을 덜어주고,

사랑을 위해 모든 걸 바치지요

사랑은 우리의 삶에 생기를 주고,

우리는 사랑 없이 살 수 없지요

사랑의 목표는 분명하지요

사랑으로 아내와 남편이 되는 것보다

더 귀한 것은 없답니다

아내와 남편보다

더 고귀한 것은 없답니다


**이 작품의 이야기 구조는 현대의 영화나 TV 드라마와**

비슷합니다. 아름답고 품위 있고 진지한 주인공 커플의 러브스토리 곁에서 우스꽝스러운 조연 커플이 개그를 펼치는 것이 기본 형식입니다.

거기에 여자 주인공의 괴팍하고 강력한 어머니가 등장해 남자 주인공 타미노의 후견인 역할을 하는 자라스트로와 대결을 벌이고, 천사같이 사랑스러운 아이들이 남녀 주인공의 사랑을 도와줍니다. 이렇듯 대중적인 로맨스 양식을 따른 〈마술피리〉는 초연 당시부터 인기를 끌었습니다.

인기의 또 다른 이유는 작품에 등장하는 '마법'입니다. 풀리지 않는 고대의 수수께끼나 주술, 마법이 크게 유행하던 모차르트의 시대. 뛰어난 흥행 감각을 지닌 대본작가 에마누엘 쉬카네더는 환상적인 요소로 가득 찬 핀란드 동화집 속, 고대 이집트의 이야기를 토대로 오페라 대본을 썼습니다.

반면, 작곡가인 모차르트(Wolfgang Amadeus Mozart)에게는 여유가 없었습니다. 당시 모차르트의 예약 연주회가 사라지면서 수입이 없는 상태였기 때문입니다.

수익을 내기 위해 여러 일을 하던 모차르트는 〈마술피리〉와 다른 두 작품의 곡을 함께 썼는데, 이때 건강을 크게 해치면서 같은 해에 세상을 떠나게 되었습니다.

이렇게 아름다운 환상과 비참한 현실이 교차하는 가운데 세계적으로 유명한 오페라 곡 '밤의 여왕의 아리아(Königin der Nacht)'가 탄생합니다. 해당 아리아의 유명세로, 〈마술피리〉는 오페라 입문자에게 추천하는 작품으로 자주 선정됩니다.

이처럼 〈마술피리〉는 어렵지 않게, 익숙하게 감상하기 좋은 작품입니다. 남녀노소 모두가 어울려 무대를 즐기다 보면 작품 속 인물들과 긴 여정을 함께한 것처럼 어느새 끈끈한 유대감을 느낄 수 있을 것입니다.

---

### ᴏᴌᴇ Main Music ᴇᴌᴏ

마술피리(Die Zauberflöte)

Der Hölle Rache kocht in meinem Herzen _지옥의 복수심이 내 마음속

에 끓어오르고

Pa-Pa-Pa-Papageno _파-파-파-파파게노

Papagena Papagena Papagena! _파파게나 파파게나 파파게나!

Dies Bildnis ist bezaubernd schön _이 초상은 매혹적으로 아름다워

O Isis und Osiris _오스티스와 오시리스

Der Vogelfänger bin ich ja _나는야 새잡이

O zittre nicht mein lieber Sohn _아, 떨지 말아라 나의 사랑하는 아들

In diesen heil'gen Hallen _이 거룩한 전당에서

---

Bei Männern, welche Liebe fühlen _사랑을 느끼는 남자의 마음은

Ach ich fühl es ist verschwunden _아, 내가 느끼는 것은 사라졌네

Ein Mädchen oder Weibchen _소녀인가 여자인가

Hm! hm! hm! hm! _흠! 흠! 흠! 흠!

Königin der Nacht _밤의 여왕의 아리아

마술피리의
대표곡을 감상해 보세요.

# 불처럼 타오르는
# 사랑

: 일 트로바토레 *Il Trovatore*

전쟁터의 어두운 밤. 장교 '페란도'는 야간 경비병들에게 '루나' 백작의 어렸을 적 이야기를 들려줍니다. 원래 루나 백작에게는 '가르시아'라는 남동생이 있었는데, 아기였을 때 어느 집시 노파가 유심히 들여다보고 간 뒤로 시름시름 앓기 시작했습니다.

루나 백작의 아버지는 집시의 저주 때문이라고 믿고 그 노파를 붙잡아 화형에 처했습니다. 그런데 그날 밤 아기가 없어지고 불에 탄 아기의 백골이 발견되는 사건이 발생합니다.

한편, 궁중에서 왕비의 비서로 일하는 귀족 처녀 '레오노라'는 다른 시녀 '이네스'와 함께 궁전 발코니에서 연인 '만리코'를 기다리며 그를 사랑하게 된 경위를 들려줍니다.

그때, 레오노라를 사랑하는 루나 백작이 어둠 속에 나타나자 레오노라는 그를 만리코로 착각해 품에 안겨버립니다. 이내 그가 만리코가 아니라는 사실을 알고 레오노라는 놀랍니다. 뒤늦게 찾아온 만리코 역시 상황을 오해하고 화를 내며 루나 백작과 결투를 벌입니다.

새벽이 되자 집시들은 숲속에서 장작불을 피워놓고 모루(쇳덩이)를 두드리며 '집시의 날은 누가 밝히나(대장간의 합창)'을 노래합니다. 그곳에는 레오노라의 연인인 만리코를 낳아주신 어머니도 있었습니다.

만리코의 어머니 '아추체나'는 장작불 앞에서 '불길이 솟구치네'라는 노래를 부르며 자신의 어머니가 화형 당하던 일을 회상합니다. 당시의 일을 자세히 듣게 된 만리코는 자신이 아추체나의 아들이 아닐지도 모른다는 의심을 합니다.

그리곤 만리코는 전쟁터에서 백작을 죽일 수 있었지만 차마 죽이지 못한 사연을 이야기합니다.

그때, 만리코의 부관인 '루이스'가 편지를 가져옵니다. 만리코가 전투에서 죽은 줄 알았던 레오노라가 수녀원에 들어간다는 보고였습니다. 만리코는 어머니의 만류를 뿌리치고 수녀원으로 달려가 루나 백작과 싸워서 레오노라를 데려옵니다.

루나 백작 진영의 병사들은 다음 날 전투를 기다리며 합창하는데, 페란도가 적의 첩자로 보이는 집시를 잡았다며 한 여인을 데려옵니다. 그 집시 여인은 아추체나였고, 그녀가 옛날 자기 동생을 불 속에 던진 집시라는 걸 알아챈 루나 백작은 그녀를 감옥에 가둡니다.

### Vedi le fosche notturne
보라, 끝없는 하늘을!

보라, 끝없는 하늘을!
남편을 잃은 슬픈 여인이 걸친 검은 베일처럼
하늘하늘 펼쳐져 있구나

자! 일해야지
두드려라, 가만!
내 망치를 어디에 두었지?

누가 우리 집시의 삶을 기쁘게 해 주는가?
그것은 바로, 집시 여인들!

자! 내게도 한 잔 따라주시오
술을 마셔야 힘을 다시 얻게 되지요

오! 보세요
당신의 유리잔에
햇빛이 반짝이는군요

자, 자! 다시 일해야지요!

누가 우리 집시의 삶을 행복하게 해 줄까?
그것은 바로, 집시 여인들!

---

### Di quella pira
타오르는 저 불길을 보라

너는 아마 모를 거야
만리코, 네가 이 얘기를 알기엔
넌 너무 어렸으니까

나의 어머니는
아기에게 마법을 걸었다는 그런 이유로
백작에게 화형을 당했단다
저, 저곳, 아직도 불이 꺼지지 않은
그곳에서 화형을 당했단다

세상에

그들은 너의 어머니를 묶어 끌고 갔어
나는 나의 아기를 안고 울면서 그녀를 따라갔지
난 끝까지 어머니를 따라가려 했지만

아무 소용이 없는 일이었어

어머니는 걸음을 멈추고

나에게 기도를 부탁하려 했지만

그들은 어머니를 칼로 쿡쿡 찌르며

화형대로 끌고 갔지

어머니는 찢어지는 듯한 목소리로

나에게 말했어

복수해 줘

한편, 결혼식을 앞둔 만리코와 레오노라는 사랑의 기쁨에 취해 있었습니다. 이때, 루이스가 달려와 어머니가 적진에 붙잡혀 있다는 사실을 알려줍니다.

만리코는 어머니를 구하러 달려가면서 당신을 사랑하기 전부터 나는 내 어머니의 아들이었으니, 레오노라 당신이 괴롭더라도 그 고통으로 나를 붙잡아둘 수는 없다고 외칩니다.

어머니를 구하기 위해 적의 진영으로 달려간 만리코는 포로가 되어 아추체나가 있는 감옥에 갇힙니다. 레오노라는 사랑하는 만리코를 살리기 위해 거짓으로 루나 백작과의 결혼을 약속하고 자신은 독약을 마신 채 만리코를 풀어

주기 위해 감옥으로 향합니다.

그러나 레오노라의 의도를 모르는 만리코는 그녀가 자신을 배신했다며 저주를 퍼붓습니다. 그 사이, 몸으로 독이 퍼진 레오노라는 그에게 진실을 고백하곤 쓰러져 죽습니다.

루나 백작은 레오노라에게 속았다는 사실을 깨닫고 곧장 만리코를 처형합니다. 만리코가 죽었다는 사실을 알게 된 아추체나는 충격적인 진실을 밝힙니다. 바로 만리코가 루나 백작의 동생이라는 사실이었습니다.

루나 백작은 충격을 받아 그 자리에서 쓰러집니다. 아추체나는 드디어 복수를 이루었다고 외치며 이 처절한 비극은 막을 내립니다.

### D'amor sull'ali rosee
#### 사랑은 장밋빛 날개를 타고

사랑은 장밋빛 날개를 타고
탄식의 한숨은 하늘을 달려
가련한 죄수의
불행한 마음을 위로한다

희망의 산들바람처럼
그 방 안에 나부끼고

갖가지 추억이 그를
사랑의 그리움으로 일으켜 세운다


허나 함부로 알리지는 않는다
내 가슴의 고통을


당장 알 수 있겠지요
이 세상에서 나만큼
깊이 사랑하는 사람
어디에도 없다는 것을


운명은 치열한 싸움에 이겼지만
같은 죽음으로 극복해 갑니다


내 목숨 대신
당신 목숨을 구하든가, 아니면
당신과 영원히 맺어지기 위해
무덤 속으로 내려갑시다


베르디(Giuseppe Fortunino Francesco Verdi)의 중기 오
페라 〈일 트로바토레〉는 스페인 낭만주의 작가 안토니오 가
르시아 구티에레스의 《엘 트로바도르》를 토대로 한 작품입

니다. 트로바도르는 중세에 봉건 제후들의 궁정을 돌아다니며 자작시와 음악을 읊고 연주하던 음유시인을 뜻하는 말입니다. 무예와 예술창작에 두루 능한 기사를 칭하는 단어이기도 합니다.

이처럼 중세 기사들의 삶을 소재로 다루는 것은 낭만주의 문학의 유행이었습니다. 소설이나 오페라가 중세를 배경으로 할 때, 황당무계한 창작처럼 보이는 경우가 많지만, 이 오페라는 스페인에서 캇틸랴와 우르헬 두 가문 사이에 아라곤 왕위계승 전쟁이 있었던 1411년을 배경으로 삼고 있습니다.

이러한 배경 덕분에 〈일 트로바토레〉는 로마에서 열린 초연부터 큰 성공을 거두었고, 그 인기는 10년이 지나도 식지 않았습니다.

작곡가 베르디는 친구에게 아프리카에 가든 인도에 가든 요즘은 '트로바토레'가 들리지 않는 곳이 없다고 편지를 썼고, 평생 이 작품에 가장 큰 애착을 느꼈다고 합니다.

〈일 트로바토레〉 오페라 속의 익숙한 멜로디들은 오늘날에도 여전히 전 세계에서 사랑받고 있습니다. 특히 '집시의 날은 누가 밝히나(대장간의 합창)'은 유명한 합창곡을 부르면서 등장한 발레 무용수들이 화려한 무용을 선보이는 등 시각적으로 눈길을 끕니다.

　곳곳에 배치된 무대연출에 시선을 빼앗긴 채 극을 감상하다 보면, 관객들은 마치 무대에 직접 올라선 듯 벅찬 심장 박동을 느낄 수 있을 것입니다.

---

### ⟶ **Main Music** ⟵

일 트로바토레(Il Trovatore)

Di quella pira _타오르는 저 불길을 보라

Ah! si ben mio _아! 너무도 나의 사랑

Tacea la notte placida _밤이 잔잔하게 가만히 있었어

Il balen del suo sorriso _그 미소의 빛

Stride la vampa _화염이 소리를 내며 펼쳐지네

D'amor sull'ali rosee _사랑은 장밋빛 날개를 타고

Manrico? _만리코?

Mira di acerbe lagrime _신랄한 눈물을 보아라

Condotta ell'era in ceppi _그녀는 결박당했어

Vivra contende il giubilo _기쁨으로 가득 차 있으며

Vedi! le fosche notturne spoglie (Anvil Chorus) _집시의 날은 누가
밝히나(대장간의 합창)

---

**일 트로바토레**의
대표곡을 감상해 보세요.

# 죄책감이 불러온
# 광란의 몸부림

: 보리스 고두노프 *Boris Godunov*

막이 열리자, 폴란드 황제의 아들, 황태자 '드미트리'가 피살당합니다. 뒤이어 황제까지 세상을 떠나며 후계자 문제가 불거지게 됩니다. 백성들은 '보리스 고두노프'가 황제 자리를 욕심내 황태자를 살해한 것을 알고 있었지만 내색하지 못합니다.

결국, 크렘린 궁전에서 보리스 고두노프의 장엄한 대관식이 거행됩니다. 새로운 차르, 즉 새로운 황제가 탄생한 것입니다.

한편, 젊은 수도사 '그리고리'는 죽은 드미트리 황태자가 자신과 비슷한 나이라는 점을 이용하여 계략을 꾸밉니다.

어느덧 보리스 고두노프가 차르에 오른 지 5년이 지난 해. 리투아니아와의 국경지대 마을의 작은 주막에 그리고리가 들어섭니다.

그는 과거에 수도원을 뛰쳐나와 이제 수도사가 아니었습

니다. 그리고리의 행적을 의심스럽게 여긴 경찰은 그를 추적합니다. 그러나 그는 창문으로 도망칩니다.

한편, 보리스 고두노프는 아들 '표도르'에게 당부합니다. 표도르 역시 언젠가 차르가 될 사람이니 선행을 쌓으라고요. 보리스는 지난 5년 동안 드미트리를 죽인 사실에 양심의 가책을 느껴 한없이 고통받았다고 독백합니다.

그러자 보리스의 자문관 '슈이스키' 대공이 들어와 보고합니다. 폴란드의 한 젊은이가 자신이 드미트리 황태자라고 주장하며 군대를 모아 크렘린 궁전을 공격하기 위해 준비하고 있다는 것이었습니다.

보리스는 드미트리 황태자를 살해했던 기억이 떠올라 괴로워하다가, 드미트리의 망령이 보인다며 광란에 휩싸여 몸서리칩니다.

I have reached the highest authority.

It's already the sixth year

나는 최고의 권력을 쥐었다. 벌써 6년 동안

나는 최고의 권력을 가지고 있고, 6년 가까이

평화스럽게 이 나라를 통치해왔어

그러나 아직도 나는 행복할 수가 없어

점성가들은 내가 오랫동안 권력을

유지할 거라고 부질없이 예언하고 있지


삶, 권력, 영광의 환상 및 군중의 환호

그 어느 것도 내게 행복을 가져다주지 못해

나는 가족으로부터 평안을 찾을 수가 있으리라 생각하고

내 딸의 행복한 결혼식을 바랐지

나의 사랑하는 딸의!

그러나 죽음이 그녀의 약혼자를 태풍처럼 쓸어가 버렸네


하늘에 계신 신의 분노는 얼마나 클 것이며,

어떤 잔인한 판결이 이 죄인을 기다리고 있을까!

영원한 슬픔과 검은 그림자가 나를 둘러싸고 있구나

아, 내게 희망을 가져다주는 한 줄기 빛이라도 있다면!


그러나 내 마음은 슬픔으로 차 있고

영혼은 고통을 겪고 있고 다른 사람들에게

말할 수 없는 공포와 불안으로 떨고 있다


내 영혼에 안식을 구하기 위해

성인과 천사들에게 기도했다

절대 권력의 위엄과 영광 속에서

나, 러시아의 황제는 위안을 받기 위해서

눈물을 흘려왔다


그러나 귀족들은 배반하고 있고

리투아니아에서는 음모, 비밀의 모반이,

그리고 죽음, 질병, 악행이 나를 둘러싸고 있고

전염병과 흉작으로 나라는 폐허가 되어가고 있다


백성들은 들짐승처럼 방황하고 있고

러시아는 빈곤과 굶주림으로 신음하고 있다

이렇게 하늘의 분노로 고통받는 모든 사람은

내가 죄인이기 때문이라고 믿고 있지

모든 사람은 보리스라는 이름을 저주한다


**Where are you, my love**

나의 약혼자는 지금 어디


나의 황태자, 드미트리, 운명의 내 남편이여!

사랑한다는 말로 당신을 매혹시키겠어요

므니셰크는 울적한 열정으로

너무나 지쳐 있다는 것을 발견했어요

마치 귀족들의 따분한 연설처럼

므니셰크는 영광을 간절히 원하고 있어요!

므니셰크는 권력을 갈망하고 있어요!

러시아의 황후로서 왕좌에 앉고 싶어요

황금빛 나는 자주색의 황실 제복을 입고

나는 태양같이 빛나고 싶어요

거친 러시아인의 눈을 부시게 하겠어요

오만한 귀족들이 나에게 경의를 표하고

내 앞에서 무릎을 꿇게 하겠어요


그러면 모든 러시아인은

전설과 노래로 자랑스러운 황후를 찬양하고

마리아나 므니셰크를 두려워하겠지요


이 소식은 폴란드의 공주 '마리아나 므니셰크'의 귀에도 들어갑니다. 그녀는 죽은 황태자 드미트리와 약혼한 사이였습니다. 마리아나 역시 드미트리 행세를 하는 그리고리를 보고 드미트리가 죽지 않고 살아 있다고 믿게 됩니다.

그녀는 자신을 사랑한다면 어서 러시아로 진격해 황제 자리를 되찾으라고 그리고리를 설득합니다. 그렇게 하면 자신도 차리나(황후)가 될 수 있다고 생각했기 때문입니다.

그때, 러시아는 기아와 빈곤으로 혼란스러운 상태였습니다. 모스크바 인근의 산속 마을 사람들은 보리스의 추종자를 붙잡아 주먹을 휘둘렀고, 그리고리의 군대는 모스크바

부근까지 진격해왔습니다. 크렘린 궁전에서는 러시아의 원로들이 모여 상황을 타개하기 위해 대책을 논의합니다.

그런데 갑자기 보리스 황제가 회의 석상으로 뛰어들어 드미트리의 환영이 쫓아오고 있다고 소리칩니다. 뒤이어 한 신부가 나타나 사람들에게 드미트리 무덤 근처에 사는 눈먼 양치기의 말을 전합니다. 그가 드미트리의 영혼이 무덤에서 나오는 것을 보았다는 이야기입니다.

신부의 이야기를 들은 보리스는 공포에 질려 정신을 잃습니다. 그 순간, 군중이 크렘린 궁전으로 몰려듭니다.

보리스는 군중에게 자비를 베풀어달라고 간청합니다. 그리곤 아들 표도르를 가리키며 "여기 그대들의 새 황제가 있다."라고 외친 뒤 쓰러져 숨을 거둡니다. 그러나 군중은 그저 "그가 죽었다."라고 소리칠 뿐이었습니다.

**Russian folk, poor hungry folk!**
러시아 민중이여! 기아에 허덕이고 가난에 찌든 민중이여!

눈물이 흐르고 있네, 피눈물이 흐르고 있네

울어라, 영혼이여 울어라, 불쌍한 러시아의 영혼이여

적군은 곧 올 것이고 어둠이 다가오리라

빛은 그림자에 가리고, 칠흑 같은 어둠이 오리라

슬픔, 땅에는 슬픔이

울어라, 울어라, 러시아의 민중이여
굶어 죽어가는 불쌍한 민중이여!

---

### Cry all you mortals
울어라, 모든 사람이여

너는 내 장남이고 진정한 계승자다
표도르! 내 사랑하는 황태자여!


교활한 귀족들은 믿지 않도록 해라
그들과 리투아니아와의 비밀스러운 음모를
항상 주시하도록 해라
배반자들은 무자비하게 처단해라
공평한 정의를 추구하고 확신을 가지도록 해라
신과 성인을 존경하며
덕망 있는 사람이 되도록 해라
네 모든 힘과 구원은 거기에 달려 있다


네 누이를 잘 보호해라, 내 아들아
사랑하는 크세니아를 지켜줄 사람은
너밖에 없다


신이시여! 신이시여! 죄 많은 이 아비의

눈물을 굽어살펴 주소서!

저 자신을 위해 기도하는 게 아닙니다

저 높은 하늘로부터 당신의 영광과 사랑의 빛을

순수하고 아직 어린 제 아이들에게

내려보내 주소서!

왕실의 영원한 수호자가 되어주소서!


당신에게 기도합니다

날개를 펴고 제 아이들을 보호해 주소서

위험, 죄악 그리고 유혹으로부터

제 아들과 딸을 지켜주소서


아! 죽음의 종소리로구나!

울어라, 백성들아, 그의 목숨이

꺼져가고 있다


죽음의 노래로구나!

내게 삼베의 의복을 입혀라

수도승으로서 최후를 맞겠다


그의 눈은 영원히 감기고

입술은 침묵을 지키리라

눈물을 흘려라, 할렐루야

보리스 고두노프는 제정러시아 시절 차르의 친척입니다. 그는 황권 찬탈의 야심을 품고 황태자 드미트리를 살해했으나 드미트리의 망령에 시달리다 결국 비참한 죽음을 맞이합니다.

실제 인물의 이야기를 다룬 만큼 작품은 주인공의 심리 변화를 공들여 묘사합니다. 특히 보리스가 죽는 장면에서 부르는 합창은 장엄하고도 숙연한 분위기를 자아내며 러시아 합창의 진수를 보여줍니다.

작곡가 무소륵스키(Modest Petrovich Mussorgsky)는 러시아 국민음악파의 선두주자로 10여 편의 오페라를 작곡하고자 도전했으나 〈보리스 고두노프〉만 완성할 수 있었습니다. 그는 기악곡이나 피아노곡 작곡가로 더 잘 알려져 오페라로 큰 성공을 거두지 못했습니다.

또한 테너가 아닌 베이스가 주역을 맡고, 여성 주역이나 발레 장면이 없고, 고전적 화음과는 다른 비정상적 음향을 내는 등 〈보리스 고두노프〉만의 특징을 이유로 공연을 거절당하곤 했습니다.

그러나 무소륵스키는 포기하지 않고 극을 고쳐 쓰며 마침내 상트페테르부르크 오페라의 승인을 받아냅니다. 이후 25회 연속 공연이라는 역사적 기록을 남기고 작품은 시즌을 마감합니다. 이때의 성과로 〈보리스 고두노프〉는 러시아 오페라의 연혁상 기념비적인 작품으로 평가됩니다.

〈보리스 고두노프〉는 러시아 오페라 특유의 감성을 가진 작품으로 러시아의 진한 부성애를 보여줍니다. 가족 중심적인 문화로 잘 알려진 이탈리아 사람들과 비교하더라도 러시아 사람들의 핏줄에 대한 애착은 유별난 편입니다.

다른 사람의 아들을 죽이고 차르에 오른 보리스 고두노프가 제 아들만큼은 정성을 다해 도덕적인 후계자로 키워내는 모습은 이러한 러시아의 정서에서 비롯된 것입니다. 그의 가부장적인 카리스마는 자식을 최전선으로 내보내던 서양 권력자들과는 상반된 태도로, 오히려 동양의 정서에 가깝습니다.

또한, '양심'을 주제로 내세우며 내면의 성찰에 초점을 두고 있다는 점도 특징적입니다. 권선징악은 동서고금을 막론한 보편적인 소재이지만, 이는 대체로 선한 인물이 다른 악한 인물을 물리치는 서사 구조를 취합니다.

그러나 〈보리스 고두노프〉에서는 악인 스스로가 양심의 가책에 시달리다 결국 파멸에 이르게 됩니다. 그의 모습을 지켜보는 관객들 또한 자신의 양심을, 스스로 저질러온 악행들을 돌아보게 될지도 모릅니다.

## ✧ **Main Music** ✧

보리스 고두노프(Boris Godunov)

Varlaam's Song _바를라음의 노래

Marina's Aria _마리나의 아리아

Pimen's Tale _피멘의 이야기

I have attaned to power _나는 권력을 얻었습니다

I have reached the highest authority. It's already the sixth year

　　　　_나는 최고의 권력을 쥐었다. 벌써 6년 동안

Where are you, my love _나의 약혼자는 지금 어디

Cry all you mortals _울어라, 모든 사람이여

보리스 고두노프의
대표곡을 감상해 보세요.

# 영혼을 판
# 사랑의 총알

: 마탄의 사수 *Der Freischütz*

체코의 보헤미아 지방의 어느 숲에서 산림관을 뽑는 사격대회가 열렸습니다. '막스'는 마을에서 가장 우수한 사수로 알려져 있었는데, 사격대회에서 어느 농부에게 지고 말았습니다.

사람들의 조롱이 이어지자 막스는 초조해합니다. 막스는 이 지방에서 가장 예쁜 아가씨 '아가테'를 목숨보다 더 사랑하고 있었는데, 아가테의 아버지인 늙은 산림관 '쿠노'가 사격대회에서 우승하지 못하면 딸과의 결혼은 꿈도 꾸지 말라고 했기 때문이었습니다.

그런 막스에게 친구 '카스파르'가 뜻밖의 제안을 합니다. 사격대회에서 우승할 수 있게 도와주겠다는 것이었습니다. 카스파르는 막스에게 자기 총을 주며 저 하늘에 날아가는 독수리를 맞춰보라고 합니다.

막스는 카스파르의 총으로 하늘 높은 곳에 있는 독수리

를 대강 조준해 쏩니다. 그러자 총알이 명중합니다.

놀란 막스에게 카스파르가 말합니다. 이런 백발백중의 총알을 일곱 개 더 만들어 줄 테니 오늘 밤 '늑대의 골짜기'로 오라고요. 막스는 카스파르의 제안이 내키지 않았으나 사격대회에서 반드시 우승해야 했기에 그와 약속합니다.

한편, 아가테는 막스가 걱정되어 기분이 울적합니다. 그녀는 막스가 걸어오는 모습을 보고 그가 무사하다는 것에 안심하여 기뻐합니다.

막스는 아가테에게 '늑대의 골짜기'로 가야 한다고 이야기합니다. 아가테가 이 밤중에 그곳엔 왜 가냐고 묻자 막스는 낮에 잡아둔 사슴을 찾으러 가야 한다고 둘러댑니다.

### Wie nahte mir der Schlummer
잠이 어떻게 내게 다가왔던가

잠이 어떻게 내게 다가왔던가

그를 만나기 전에는

그래, 사랑과 걱정은 언제나

손과 손을 맞잡고 다녀!

그가 가는 길을 달은 잘 비춰주고 있을까?

아, 아름다운 밤이여!

조용히, 조용히, 경건한 가락이

별의 세계에까지 날아올라

노래는 울려 퍼져서 칭송하며

하늘의 거실에까지 이르기를

얼마나 밝은 금빛 별들이

맑게 빛나고 있는가


저 먼 산에는 소나기에 내릴 것 같다

저 숲에는 숱한 구름이

습기에 차서 답답하게 걸려 있다


이 손을 내밀어 소원합니다

처음도 끝도 없는 주여

우리를 어려움에서 지켜줄

천사들을 보내 주십시오


모두 쉬고 있는데

지극히 사랑하는 당신은 어디 있는가?

---

**Schweig schweig damit dich niemand warnt**
조용히 해, 조용히 해 아무도 너에게 경고하지 않도록


조용히 해, 조용히 해

아무도 너에게 경고하지 않는다!

지옥의 그물이 너를 사로잡는다

그 어떤 것도 깊은 함정에서

너를 구하지 못해!


그를 둘러싸라, 유령이여

어둠과 더불어 활기에 찼구나!

이미 그는 삐걱거리며

너희의 사슬을 운반한다

승리, 복수는 이루어졌다!

---

## Durch die Wälder, durch die Auen
숲을 지나 초원을 지나

숲과 초원을 지나

나는 가벼운 마음으로 그곳으로 갔어

내가 보는 모든 것들

확실한 사격으로 얻은 것들이었지

저녁에 나는 풍부한 전리품들을 가져왔어

그리고 운이 좋게도

살인자의 협박이 있었지만 반겼어

아가테의 사랑의 눈길을

그렇다면 하늘은 나를 버렸는가?

신중함이 두 눈을 완전히 돌렸는가?

파멸이 나를 붙잡았는가?

무너지는가, 나는

생각지도 않던 재난의 손 안으로?


같은 시각, 늑대의 골짜기에는 카스파르가 기다리고 있었습니다. 카스파르는 악마 '자미엘'에게 예속된 신세로 악마에게 영혼을 팔고 마법의 탄환을 받은 적이 있었습니다.

악마와의 계약 기간이 다 된 카스파르는 수명을 늘리기 위해 다른 사람의 영혼을 대신 팔려는 계획을 세웠고, 백발백중을 꿈꾸는 막스를 희생자로 선택한 것이었습니다.

막스는 이 사실을 모르고 늑대의 골짜기에 찾아옵니다. 그러자 어둠 속에서 정령들이 으스스한 노래를 부르고, 수많은 망령과 환영이 나타났다가 사라집니다.

악마의 음악이 무대를 압도하는 가운데, 세상을 떠난 어머니의 모습이 나타나 막스에게 어서 이곳에서 피하라고 경고합니다. 연달아 아가테의 모습도 보입니다.

막스는 불안한 상황 속에서도 환영은 환영일 뿐 현실이 아니라고 생각합니다. 결국, 그는 카스파르의 말대로 영혼을 파는 대가로 마법의 탄환을 만들어 갖습니다.

돌아온 막스는 마법의 탄환 여섯 개를 사용해 백발백중을 기록합니다. 카스파르가 막스에게 준 마법의 탄환은 일곱 개. 막스의 승리를 예감한 아가테는 이미 웨딩드레스까지 입고 있었습니다.

마지막 한 발만을 남겨놓은 상황. 카스파르는 나무 위에 올라가 막스가 마지막 총알과 함께 영원히 영혼을 잃게 되는 장면을 지켜보고 있었습니다.

마침내 사격대회를 주관한 대공이 막스에게 저 하늘을 날아다니는 흰 비둘기를 맞히라고 지시합니다. 막스가 방아쇠를 당기려는 순간, 나무 뒤에 숨어 지켜보던 아가테가 갑자기 뛰어나와 "쏘지 마세요. 제가 바로 그 비둘기입니다."라고 소리칩니다. 하지만 탄환은 이미 총구를 떠난 후였고 아가테가 그 자리에서 쓰러집니다.

사람들은 아가테가 탄환에 맞았다고 생각했습니다. 그러나 탄환을 맞은 것은 나무 위에 있던 카스파르였습니다. 아가테를 맞히기로 되어 있던 막스의 일곱 번째 탄환이 카스파르를 맞힌 것이었습니다. 카스파르는 죽어가면서 약속을 제대로 지키지 않은 악마 자미엘을 원망합니다.

카스파르가 죽자 막스는 대공에게 실은 자기가 사격대회에서 우승하려고 정당하지 못한 방법으로 탄환을 만들어 사용했다고 실토합니다. 분노한 대공은 막스를 추방하려 합니다.

그러나 그 순간, 한 '은자'가 나타나 대공을 만류합니다. 은자는 막스가 잘못을 저질렀지만, 그가 죄를 뉘우치는 만큼 추방은 과한 처사이니 1년 동안 스스로 반성하는 기간을 준 뒤 아가테와 결혼시키는 것이 좋겠다고 말합니다. 사람들은 아가테와 막스에게 축하의 박수를 보냅니다.

## Kommt ein schlanker Bursch gegangen…
### 어느 멋진 청년이 지나가는데…

어느 멋진 청년이 지나가는데

머리는 곱슬곱슬한 금색이지, 아니면 갈색인가?

눈은 빛나고 뺨은 붉지

물론, 그를 바라볼 수는 있지

얼굴보다 약간 아래를 보지만

고상한 소녀가 하는 것처럼

그러나 몰래 다시 눈을 들지


청년이 보지 않을 때

눈빛이 마주친다고 하여도

그게 또 무슨 걱정거리람?

그렇다고 바로 눈이 머는 것도 아닌데

약간 낯이 뜨거워지면

잠시 저쪽을 보다 저 너머를 보지

다시 무엇이든 말할 용기가 날 때까지!

그가 예쁘다고 탄식하니, 그녀는 내 사랑이라고 말하네

곧 그들은 신랑과 신부가 되고

더 가까워지고, 사랑은 불타네!

당신들은 화관을 쓴 나를 보려는가?

맞아, 그녀는 멋진 신부야

그렇다고 이 청년이 아름다움에서 뒤질까?

---

### Der Jägerchor
#### 사냥꾼의 합창

이 세상에서 사냥의 즐거움을 무엇에 비하리?

누구에게 인생의 술잔을 풍성하게 부을까?


나팔 소리 들으며 숲속에 머물고 숲과 연못 사이로,

사슴을 뒤쫓고 짐승들의 뒤를 밟는 것은

제왕의 기쁨이요, 남자들의 욕망,

몸을 강건하게 하고 식욕을 돋우네


숲과 암벽이 메아리치며 우리를 감쌀 때

한층 흥겹고 생동하며 울리리라!

요, 회! 트랄랄랄랄라!

낮에 디아나의 어둠이 생기를 돋우듯
우리는 날마다 우리를 시원하게 할 수 있다네

사나운 이리와 산돼지를 잡는 것과
익어 가는 곡식과 풍요로운 들판은
제왕의 기쁨이요, 남자들의 욕망,
몸을 강건하게 하고 식욕을 돋우네

숲과 암벽이 메아리치며 우리를 감쌀 때
한층 흥겹고 생동하며 울리리라!
요, 회! 트랄랄랄랄라!

베버(Carl Maria von Weber)가 작곡한 〈마탄의 사수〉는
낭만주의를 표방한 독일 최초의 오페라로 바그너, 베를리오
즈, 슈만을 비롯한 후대 낭만주의 작곡가들에게 많은 영향
을 끼친 작품이기도 합니다. 독일의 낭만주의 오페라는 독
일 민화에 기반을 두는 만큼 숲, 사냥꾼, 악마, 마법과 같은
신화적이고 초자연적인 요소를 포함하는 것이 특징입니다.

또한, 오페라 역사상 처음으로 오페라의 전체 내용을 요

약해 표현하는 듯한 서곡(Overture, 극의 분위기를 암시하는 곡으로, 오페라가 시작되기 전에 연주)을 구성하였습니다. 이 서곡에는 사랑과 명예에 목을 맨 나머지 악마와 거래해 마법의 탄환을 얻은 막스의 고뇌와 슬픔, 살아남기 위해 막스를 기만한 카스파르의 심리적 부담감과 살아갈 수 있다는 희망, 연인인 막스의 승리를 기원하는 아가테의 애절함이 모두 담겨 있습니다.

작품을 요약한 듯 첨예하게 심리 묘사를 펼치는 훌륭한 서곡과 더불어 완성도 높은 곡들로 구성된 〈마탄의 사수〉는 베를린 국립 극장에서 거행된 초연부터 놀라운 대성공을 거두고 단숨에 베버의 대표작이 되었습니다. 또한, 베토벤의 〈피델리오〉와 함께 독일 오페라에서 가장 중요한 작품으로 평가받기도 합니다.

이러한 작품의 높은 완성도는 국내에서도 인정받아 오페라 축제에 초청공연이 오르기도 했습니다. 한국에서의 공연은 풍성한 음악을 즐길 수 있을 뿐만 아니라 섬세하게 묘사된 인물들의 심리에 몰입하여 줄거리를 감상할 수 있다는 호평을 받았습니다.

〈마탄의 사수〉는 하나의 사건에 엮인 여러 인물의 입장과 마음을 다각도에서 묘사하고 있습니다. 극을 감상하며 인물들의 마음과 입장을 헤아리다 보면 누군가의 욕망에 동화된 자신의 모습을, 또 다른 '나'의 얼굴을 발견할 수 있을지도 모릅니다.

---

### ❧ **Main Music** ❧

마탄의 사수(Der Freischütz)

Wie nahte mir der Schlummer _잠이 어떻게 내게 다가왔던가

Und ob die Wolke sie verhülle _구름이 그녀를 가리고 있는지

Durch die Wälder, durch die Auen _숲을 지나 초원을 지나

Kommt ein schlanker Bursch gegangen… _어느 멋진 청년이 지나가는데…

Schweig schweig damit dich niemand warnt _조용히 해, 조용히 해
　　　　아무도 너에게 경고하지 않도록

Leise leise fromme Weise _조용히 조용히 숭배하는 노래

Schau der Herr mich an als König _신이 나를 왕으로 보시네

Milch des Mondes fiel aufs Kraut _달빛의 우유가 풀에 떨어지네

Hier im ird'schen Jammertal _이 세상의 비애의 골짜기에서

Einst träumte meiner sel'gen Base _예전에 나는 내 행복한 친척을 꿈꾸었네

Schelm, Halt Fest! Ich Will Dich's Lehren! _녀석, 멈춰! 내가 가르쳐 주겠어!

Trübe Augen Liebchen _흐린 눈동자의 사랑하는 사람

---

**마탄의 사수**의
대표곡을 감상해 보세요.

# PART 4

# 선이 악을 이기기는
# 쉽지 않을 텐데

: 사랑과 비극은 하나

이 장의 다섯 작품에서는 오페라 가수들이 절망과 희망을 오가는 노래를 부릅니다. 선과 악의 시대가 번갈아 나타나면서 사람들의 마음속에는 선과 악이 함께 공존하게 되었습니다. 사람들은 순수하게 사랑하면서도 괴로워하고, 괴로운 사랑을 하면서도 진심을 다합니다.

경계의 구분이 흐려진 세상에서 선하기만 한 쪽이 이기는 것은 쉽지 않을 것입니다. 주인공은 살아가면서 선과 악을 오가는 혼란의 길을 걷습니다.

복잡한 심리를 가진 주인공에게 관객들은 단숨에 매료되며 현실 속에도 오페라 속 주인공이 있을지도 모른다고 믿게 됩니다. 그렇게 무대와 관객석의 경계는 점차 허물어져 갑니다.

# 피로 얼룩진
# 욕정의 춤

: 살로메 *Salome*

막이 열리자, 기원후 30년 유대 왕국 궁전의 웅장한 테라스가 펼쳐집니다. 궁전 안에서는 성대한 연회가 열리고 흥청거리는 소리가 들려옵니다. 시리아인 근위대장 '나라보트'는 궁전 문에서 아름다운 공주 '살로메'에 대한 불타는 사랑을 시종에게 하소연합니다.

이때 정원의 우물에서 "죄인은 회개하라."라는 '세례 요한'의 힘찬 목소리가 울려 퍼집니다. 여왕 '헤로디아스'가 '헤로데스'와 결혼하기 위해 남편을 살해했기 때문입니다.

한편, 살로메는 자신에게 욕정을 품고 끈질기게 추파를 던지는 계부 헤로데스 왕 때문에 속이 상한 나머지 연회장에서 나와 달빛 속을 거닐고 있었습니다. 그러다 세례 요한의 목소리에 놀라 걸음을 멈춥니다. 호기심이 생긴 살로메는 달콤한 목소리로 나라보트를 유혹해 우물에 갇혀 있는 세례 요한을 데려오라고 시킵니다.

얼마 후, 우물 속에서 누더기를 걸친 예언자의 모습이 드러납니다. 그는 힘찬 목소리로 헤로데스와 헤로디아스를 탄핵하다가 누군가의 시선을 느꼈는지 자신을 쳐다보는 여인이 누구인지 묻습니다.

우물을 들여다보고 있던 살로메의 마음에 그를 차지하고 싶은 욕망이 불같이 일어납니다. 그녀는 그에게 키스하고 싶다며 참을 수 없는 욕정을 춤과 노래로 표현합니다.

살로메를 흠모하고 있던 나라보트는 그녀의 타락한 모습에 충격을 받아 스스로 목숨을 끊습니다. 그러나 세례 요한에게 매료된 살로메는 자기 발아래 쓰러져 있는 나라보트의 시신은 쳐다보지도 않습니다. 그리곤 마치 최면에 걸린 사람처럼 그에게 다가갑니다.

### Jochanaan! Ich bin verliebt in deinen Leib
요한! 나는 당신의 몸에 반했어요

나를 쳐다보는 여인은 누구인가?

그녀가 보는 걸 원하지 않는다

왜 그런 매그러운 눈꺼풀 속의

화장한 눈으로

나를 쳐다보는가?

그녀가 누군지 알지 못한다

누군지 알고 싶지도 않다

물러가게 하라!

그녀에겐 설교하지 않으리라


나는 살로메

헤로디아스의 딸이고

유대의 공주야


물러나라, 바빌론의 딸이여!

신에게 선택받은 자에게 다가오지 말라!

네 어미는 이 땅을

부정함의 포도주로 가득 채웠다

그 죄가 신의 귀에까지 닿았느니라


다시 말해 봐, 요한

네 목소리가 나에게는 음악 같아


공주님! 공주님! 공주님!


다시 얘기해 봐, 얘기를, 요한

내가 뭘 해야 하는지 얘기를 해 봐


소돔의 딸이여, 다가오지 말라!

베일로 얼굴을 가리고

머리에 재를 뿌린 뒤

사막으로 가서

사람의 아들을 찾아라!


사람의 아들이 누구지?

그도 당신처럼 잘생겼어, 요한?


물러가라

죽음의 천사가 날갯짓하는 소리가

이 궁전에 들리노라!


요한!

당신 몸이 탐나, 요한!

당신 몸은 마치

꺾이지 않은

순수한 백합같이 하얘

당신 몸은 마치

유대산 봉우리의 눈같이 하얘

아라비아 왕비의 정원에 있는 장미도

당신 몸처럼 희지는 않아

여왕 정원의 장미도,

잎사귀에 내려앉는

새벽의 이슬도,

수평선 위에 걸친

달의 모습도 당신 같지는 않아

이 세상 그 무엇도

당신 몸처럼 하얗진 않아

당신 몸을 만져보게 해 줘!

유혹적인 분위기가 감도는 가운데, 세례 요한은 살로메는 거들떠보지도 않고 우물 속 감방으로 되돌아갑니다. 그리곤 그대를 구할 단 한 사람이 여기 살아 있다며 경고합니다.

하지만 세례 요한의 경고에도 살로메는 아랑곳하지 않고, 자기를 거부한 예언자에게 앙심을 품습니다.

그 순간, 왕이 살로메를 부릅니다. 다섯 명의 유대인이 헤로데스를 찾아와 세례 요한의 처형을 요구했기 때문이었습니다.

하지만 헤로데스는 세례 요한이 두려워서 그들의 청을 거절하였습니다. 이런 상황에서 의붓딸인 살로메가 세례 요한에게 반했다는 소식을 들으니 질투가 나 견딜 수 없었습니다.

헤로데스는 살로메에게 자기를 위해서도 춤을 춰달라고

요구합니다. 살로메가 요구에 응하지 않자 안달이 난 왕은 원하는 것, 심지어 왕국의 반을 달라고 해도 들어주겠노라고 약속합니다. 그러자 살로메는 기다렸다는 듯 관능적인 자태로 일곱 베일의 춤을 추기 시작합니다.

한 겹씩 베일을 벗어 던지던 살로메가 거의 나체가 된 채 왕의 발밑에 쓰러집니다. 넋이 나간 헤로데스가 살로메에게 원하는 바를 묻자 그녀는 세례 요한의 머리라고 이야기합니다. 헤로데스가 소스라치게 놀라며 다른 것은 들어줄 수 있지만, 그것만은 안 된다고 답합니다.

그러나 살로메가 세례 요한의 머리를 달라고 계속 조르자, 헤로데스는 권위의 상징인 반지를 뽑아 살로메에게 던집니다. 그리곤 병사들에게 살로메가 지시하면 사형을 집행하라고 명령합니다. 그렇게 세례 요한의 사형이 집행됩니다.

사형 집행이 끝나자, 우물 속으로 들어간 병사가 큰 은쟁반에 세례 요한의 머리를 담아 등장합니다. 살로메는 은쟁반을 붙잡더니 마치 세례 요한의 머리가 살아 있기나 한 것처럼 자기 연인이라고 부르짖습니다. 이어서 매우 퇴폐적인 몸짓으로 춤을 추고 노래를 부릅니다.

춤이 절정에 이르자 살로메는 죽은 세례 요한의 입술에 열정적인 키스를 퍼붓습니다. 살로메의 광란을 더는 참지 못한 헤로데스가 저 여자를 죽이라고 고함을 칩니다. 왕의 호위병들이 재빨리 밀치고 들어와 방패로 살로메를 눌러 죽음에 이르게 합니다.

### Tanz der sieben Schleier
#### 일곱 베일의 춤

내 왕국의 절반이라도 주마

여왕처럼 아름다울 거야

한없이 아름답겠지……

아! 여긴 춥군!

얼음 같은 바람이 불어


들린다……

왜 허공에서

큰 날갯짓하는 소리가 들리지?


아! 마치 커다란 검은 새가

테라스 위를 떠도는 것 같아!

왜 그 새가 보이지는 않는 거지?

저 소리는 무서워

바람이 으스스하군

아냐, 찬바람이 아냐

이젠 뜨거운데!

내 손에 물을 부어라

얼음을 줘

망토를 풀어라!

어서 빨리 망토를 풀라니까!

아냐, 저리 치워!

이 화관이 내 이마를 짓누르는군

장미가 불처럼 타는군!


이제야 숨을 쉬겠다

이젠 편해졌어

나를 위해 춤을 출 테냐, 살로메?


춤추겠어요


---

### Ah! Ich habe deinen Mund gekuesst
아! 나는 당신 입술에 키스했어

아! 나는 당신 입술에 키스했어, 요한

네 입술에 키스했어

네 입술에 쓴맛이 있었어

그게 피의 맛이었어?

아니

하지만 아마도 그건

사랑의 맛이었을 거야


그들은 사랑에

쓴맛이 있다고 말하지

하지만 그래서 뭐?

그게 무슨 상관이야?


나는 당신 입술에 키스했어, 요한

네 입술에 키스했어


이 작품은 근친상간, 스트립쇼, 살인, 참수당한 머리까지 오싹하고 비위 상하는 요소들을 가감 없이 보여주고 있습니다. 이는 엄격한 검열을 받는 영화와 달리 오페라는 무삭제 공연이 가능하기 때문입니다.

음악 역시 이런 기괴한 장면들과 잘 맞아떨어집니다. 작곡가인 리하르트 슈트라우스(Richard Strauss)는 으스스한 분위기의 곡을 작사할 때, 영국의 극작가인 오스카 와일드의 작품을 독일어로 번역하여 오페라에 사용하였습니다. 이때 사용된 작품은 발표되자마자 런던에서 무대 올리는 것도 금지될 정도로 큰 논쟁을 불러일으킨 작품이었습니다.

범상치 않은 원작을 토대로 쓴 아리아는 상당히 파격적인 가사로 구성되어 있으며 피가 뚝뚝 흐르는 잘린 머리에 살로메가 키스하는 등 그에 어울리는 퍼포먼스가 탄생하게 되었습니다.

뉴욕에서는 〈살로메〉에 폭력적인 장면이 너무 많다며 첫 공연 이후 바로 금지되어 수십 년간 공연이 금지된 작품으로 남아 있었습니다.

그럼에도 이 작품이 사랑받는 가장 큰 요인은 '살로메'라는 인물입니다. 살로메는 성경에 등장한 시대부터 현대에 걸쳐 아주 특이한 인물로 인식되는데, 독특한 성적취향과 팜므파탈(femme fatale, 치명적인 매력의 여성)의 두 가지 특징을 지니고 있습니다.

그녀는 어린 나이에 의붓아버지 헤로데스가 품은 욕정의 피해자이기도 합니다. 하지만 그녀는 이런 점을 이용하여 원하는 것을 손에 넣는 모습을 보여주지만 결국엔 파멸합니다. 순수와 타락을 넘나드는 그녀의 모습은 단숨에 관객들의 시선까지 빼앗아 작품에 매료되게 만들어버립니다.

그녀의 삶과 죽음, 아름다움과 추태를 모두 목격한 관객들은 그녀에게 돌을 던져야 할지, 위로를 건네야 할지 알 수 없습니다. 이처럼 어느 한쪽으로 결단할 수 없는 점이 〈살로메〉의 위력이자 매력입니다.

## ❧ **Main Music** ❧

살로메(Salome)

Ah! du woltest mich nicht deinen Mund küssen lassen _애! 당신은
나에게 키스를 허락하지 않으려 했군요

Wo ist er, dessen Sündenbecher jetzt voll ist _이제 죄의 잔이 가득 찬
그가 어디 있나요

Ich will nicht bleiben _나는 더 이상 머물고 싶지 않아요

Es ist kein Laut zu vernehmen _아무 소리도 들리지 않아요

Salome, komm, trink Wein mit mir _살로메, 와서 나랑 와인을 마셔요

Siehe, der Gerechte stirbt _보라, 의로운 자가 죽어가네요

Ah! Ich habe deinen Mund gekuesst _애! 나는 당신 입술에 키스했어

**살로메**의
대표곡을 감상해 보세요.

# 절개와 희생의
# 아이콘

: 라 조콘다 *La Gioconda*

베네치아 공국. 거리의 가수 '바르나바'는 정치에 불만을 품은 이들을 비밀리에 조사해 처단하는 조직, 10인 위원회의 스파이 노릇을 하는 비열한 인간이었습니다. 그는 눈먼 어머니와 함께 살면서 거리에서 노래를 불러 생계를 이어가는 아름다운 아가씨 '조콘다'를 사랑하고 있었습니다.

베네치아 대운하에서는 카니발 행사의 하나로 곤돌라 경주가 펼쳐지고 있었습니다. 사악한 바르나바는 조콘다의 약점을 잡기 위해 조콘다의 어머니 '치에카'가 마법을 걸어 우승이 확실한 곤돌라를 패하게 했다고 주장합니다. 그 말을 듣고 흥분한 군중은 조콘다의 어머니를 마녀라고 비난하면서 종교재판을 통해 화형에 처하라고 외칩니다.

조콘다와 '엔초 그리말도'는 곤돌라 경주에 참가 중이었기에 이 광경을 속수무책으로 지켜볼 수밖에 없었습니다.

엔초 그리말도는 젊은 곤돌라 뱃사공으로 조콘다가 사랑하는 사람이었습니다.

10인 위원회의 지도자로서 최고의 권한을 행사하는 '엘비세 바도에로'와 그의 아내 '라우라 아도르노'는 집으로 돌아가던 중 이 광경을 목격합니다.

라우라는 치에카가 종교재판소에 끌려가면 죽음을 면치 못할 것이니 자비를 베풀어달라고 남편에게 부탁합니다. 라우라의 부탁 덕분에 위기를 모면한 치에카는 감사의 표시로 생명같이 소중히 여기며 지니던 묵주를 그녀에게 바칩니다.

모두 떠나고 둘만 남게 된 바르나바와 엔초. 스파이 노릇을 하고 있는 바르나바는 엔초가 뱃사람이 아니라 추방당한 제노아의 귀족으로, 과거 라우라와 연인 관계였다는 사실을 알아냅니다.

바르나바는 엔초와 라우라의 과거를 조콘다에게 알려주면 그녀가 질투와 배신감에 휩싸여 자신에게 올 것이라고 생각하며 새로운 계략을 꾸밉니다.

그는 엔초에게 라우라와의 관계를 알고 있다는 사실을 알리며, 사랑하는데도 만나지 못하는 고통을 이해한다며 엔초를 위로하는 척합니다. 라우라를 곤돌라로 데려와 주겠다는 말로 엔초의 마음을 확인하려 들기까지 합니다.

엔초는 광장에서 라우라의 모습을 보았던 때를 떠올리며 그녀를 향한 사랑이 되살아나는 것을 느낍니다. 라우라역시 엔초를 향한 그리움에 마음이 흔들리고 있었습니다.

엔초는 바르나바가 믿을 만한 사람이 아니라는 것을 알고 있었지만 라우라를 만나고 싶은 마음이 앞서 그를 믿기로 합니다.

그러자 바르나바는 위원장의 아내 라우라를 모함해 라우라와 엔초 모두의 체면을 깎아내릴 치졸한 계략을 세웁니다.

그는 라우라가 엔초라는 옛 연인을 잊지 못해 오늘 밤곤돌라에서 만나기로 했다는 내용으로 서신을 써, 하인을통해 엘비세 위원장에게 보냅니다. 바르나바와 하인의 이야기를 엿들은 조콘다는 엔초의 배신에 탄식합니다.

**Voce di donna o d'angelo?**
여인의 음성인가 천사의 음성인가?

한 여인 또는 한 천사의 목소리가

나의 사슬을 끊었네

나를 방해하네 나의 어둠이

그 성녀의 얼굴을 보는 것을

그러나 나에게서 떠나지 않았으면 좋으련만

자비로운 선물도 받지 않고

당신에게 이 묵주를

기도를 모으는 묵주를

내가 당신에게 그것을 드립니다

그것을 받으세요


당신에게 행운을 가져다줄 겁니다

당신의 머리 위에 지켜줄 겁니다

나의 축복을

---

## Cielo e mar
### 하늘과 바다

하늘과 바다여! 하늘의 돛이

제단처럼 희미하게 비친다

내 천사가 하늘에서 내려올까?

내 천사가 바다에서 올라올까?

나 여기서 기다리고 열정의 바람은

내내 따스하게 부는구나


아! 달콤한 꿈이여,

그것을 꿈꾸는 사람은

마음속의 소망을 이루리라

멀고 넓어서

해안선도 언덕도 나타나지 않는구나

수평선은 파도와 입맞추고

파도는 수평선과 입맞춤 하는구나!


어두운 이곳에서 나는 기다리네

내 마음속 그리움과 함께

오라 연인이여, 여기 사랑의

입맞춤과 인생이 그대를 기다리노라!


오라 연인이여, 나는 기다리네

내 마음속 그리움과 함께

오라, 오라, 오라 입맞춤하러

오라 연인이여,

오라 인생과 사랑의 입맞춤을 하러,

아! 오라! 아! 오라!


　　어느덧 밤이 되었습니다. 하늘과 바다의 아름다움을 찬
양하는 노래를 불러보아도 엔초의 불안하고 설레는 마음은
가라앉을 줄 모릅니다. 엔초는 바르나바의 말을 의심하면서
도 만일 라우라가 나타나면 함께 먼 곳으로 도망칠 것을 생

각합니다.

그때 바르나바가 라우라와 함께 엔초의 곤돌라로 다가옵니다. 마침내 재회한 두 사람. 라우라와 엔초는 제노아에서의 옛일을 생각하며 감회에 젖습니다.

그런데 갑자기 기다렸다는 듯 조콘다가 나타납니다. 그녀는 라우라에게 지체 높은 분의 부인께서 어찌하여 다른 이가 사랑하는 사람을 가로채려 하냐고 격렬하게 비난합니다.

라우라가 아무 변명도 하지 못하자 조콘다는 자신을 무시한다고 오해합니다. 흥분한 그녀는 칼을 들어 라우라를 찌르려고 합니다.

그 순간 라우라의 손목에서 어머니의 묵주를 발견한 조콘다는 라우라가 어머니의 생명을 구해 준 은인임을 깨닫습니다.

은혜를 갚아야 하는 처지가 된 조콘다는 라우라의 남편이 투서를 받고 격분해 이곳으로 오고 있다는 사실을 알리면서 그녀에게 서둘러 집으로 돌아가라고 말합니다. 그러나 엔초는 붙잡혀 위원장과 종교재판관에게 굴복하느니 차라리 죽음을 택하겠다는 뜻을 밝힙니다.

이 일로 라우라의 부정을 확신한 엘비세 위원장은 자신

의 명예를 위해 라우라를 죽이기로 결심합니다. 그는 집으로 돌아와 라우라에게 독약을 마시라고 명한 뒤 자리를 뜹니다.

라우라를 구하러 들어온 조콘다는 잠시 죽은 듯 보이게 하는 약을 라우라에게 먹입니다.

그날 저녁 열린 가면무도회에서 엘비세 위원장은 손님들에게 '시간의 춤'을 추도록 권합니다. 춤이 끝날 무렵이면 라우라가 이미 죽어 있을 것이라고 여겼기 때문입니다.

불길한 종소리가 무도회장에 울려 퍼지고, 가면을 쓴 채 사람들 틈에 섞여 있던 엔초가 가면을 벗어던지며 정체를 밝힙니다. 그는 엘비세 위원장의 부인 라우라의 결백을 주장하며 라우라가 엘비세의 강요로 독을 마시고 죽게 되었다고 비탄에 젖어 소리칩니다.

내막을 알지 못했던 손님들과 엘비세 위원장은 라우라의 옛 애인 엔초가 제 발로 나타난 것을 보고는 엔초를 체포합니다. 위원장은 정부를 전복시키려 했다는 죄목으로 날이 밝으면 엔초를 사형하겠다고 발표합니다. 조콘다는 엔초를 살리기 위해 바르나바에게 몸을 바치기로 합니다.

목적을 이룬 바르나바는 조콘다를 확실히 소유하기 위해 조콘다의 어머니를 붙잡아 거래 조건으로 삼으려 합니다. 하지만 조콘다의 어머니가 심하게 반항하며 저주를 퍼붓는 바람에 칼을 휘두르다 그녀를 죽입니다.

거리의 친구들을 동원해 라우라를 집으로 데려온 조콘다는 절망과 배신만이 자신을 감싸고 있다는 생각에 죽음을 결심합니다.

그런데 잠시 후, 조콘다가 라우라의 시신을 훔쳐 갔다고 생각해 격분한 엔초가 뛰어 들어옵니다. 엔초가 조콘다를 죽이려는 순간, 라우라가 깨어납니다.

모든 사실을 알게 된 엔초와 라우라는 조콘다에게 진심으로 고맙다는 말을 남기고 떠납니다. 그들이 떠나자 바르나바와의 약속을 지켜야 하는 조콘다는 화려하게 치장을 하고 그를 찾아갑니다.

바르나바가 욕정에 불타 조콘다에게 다가서려 하자, 그녀는 칼을 들어 스스로 목숨을 끊습니다. 놀란 바르나바가 뒤늦게 용서를 빌지만 이미 숨을 거둔 조콘다는 아무런 소리도 듣지 못합니다.

### Si, morir ella de!
그녀는 죽어야 한다

그래, 그녀는 죽어야 해!
내 이름을 더럽히고도 무사할 것 같은가?

바르나바를 속이는 자는 용서를 기대할 수 없지
안 되지, 안 되지, 누구도 용서를 기대할 수 없지!


비록 내가 그 섬에서의 과거의 운명에 의한
흔적을 잡아내는 데 실패했지만
최후의 형벌은 당연히 받아야지!
그때는 내가 그녀를 마음으로 찔렀지만
지금은 칼날이 아니고 독약이지!


술잔치가 흥청망청 화려하게 열리고
그녀의 죽음의 신음은
흥청거림과 섞이겠지!
내 선조들의 그림자들이여
더 이상 부끄러울 필요가 없도다!


죽음은 모든 원수를 갚는다
명예를 더럽혀도
술잔치가 흥청망청 화려하게 열리고
그녀의 죽음의 신음은
흥청거림과 섞이겠지!


저쪽에서 베네치아 귀족들은
내 환대를 즐길 것이고

여기 복수하는 남편은

자신의 명예에 만족하겠지!

춤추고 노래하는 가운데서!

부정한 여인은 죽고

---

**Suicidio! In questi fieri momenti tu sol mi resti!**
자살! 이 절망적인 순간에 남아 있는 건 너뿐!

자살!

이렇게 절망적인 때에

너는 홀로 남아 내 마음을 유혹하는구나

내 운명의 마지막 목소리

내가 지녀야 할 마지막 십자가


한때의 행복했던 시간은 지나갔고

나는 이제 어머니와 연인을 잃었고

질투라는 뜨거운 고통을 억누르네!

나 이제 지쳐서 어둠 속에 쓰러지네,

죽음의 그림자에!


이제 마지막이다

무덤 속에서

조용히 쉬게 되기를

신께 기도하네

신께 기도하네

이제 마지막이다


〈라 조콘다〉는 19세기 이탈리아의 오페라 작곡가 아밀카레 폰키엘리(Amilcare Ponchielli)의 작품입니다. 그는 총 10편의 오페라를 작곡했지만, 지금까지 극장에서 정기적으로 공연하는 작품은 〈라 조콘다〉 한 편뿐입니다.

그의 출세작이자 유일한 성공작으로 남은 이 작품은 네 사람의 팽팽한 사각관계를 보여줍니다. 네 사람 모두의 입장을 고려하기 위해 작품은 한두 명의 주역에게만 집중하지 않습니다. 대신, 음역이 다른 등장인물들의 입체적인 긴장 관계를 구성하며 치밀한 심리 드라마를 빚어냅니다.


작품에서 관객을 매료시키는 핵심은 3막 마지막 장면에 등장하는 발레곡 '시간의 춤'입니다. 이처럼 오페라에 발레를 삽입해 화려한 볼거리를 강조하는 방식은 프랑스의 그랜드 오페라 전통에서 유래한 것입니다.

이러한 방식은 19세기 말에 이르러 극의 자연스러운 진행을 가로막고 표면적인 효과만을 노린 연출이라는 비판을 받으며 사라지게 되었지만, 이 작품에서는 극이 결말에 이르기 직전 당당하게 클라이맥스를 장식합니다.

남자 주인공이 사랑하는 여성을 위해 기꺼이 희생하는 줄거리가 대부분이었던 당시의 시류와 달리, 여자 주인공 조콘다가 사랑을 위해 모든 것을 내거는 인물로 묘사된 것 역시 특이한 점입니다.

현대의 관객들에게는 조콘다의 절개와 희생이 고리타분하게 여겨질 수도 있습니다. 하지만 〈라 조콘다〉는 진정으로 사랑하는 사람을 위해 양보하고 희생하는 모습을 고결히 여겨 깊이 감동했던 당시 관객들의 마음이 시공간을 초월하여 지금 우리에게 전해 주는 듯합니다.

## ✦ Main Music ✦

라 조콘다(La Gioconda)

Cielo e mar _하늘과 바다

Voce di donna o d'angelo? _여인의 음성인가 천사의 음성인가?

Suicidio! In questi fieri momenti tu sol mi resti! _자살! 이 절망적인
　　　　순간에 남아 있는 건 너뿐!

E un anatema _그리고 저주

Enzo Grimaldo principe di Santafior _엔초 그리말도, 산타피오르의 왕자

Stella del marinar _선원의 별

Angele Dei _하느님의 천사

Si, morir ella de! _그녀는 죽어야 한다

O monumento _그리고 묘비

Pescator affonda l'esca _어부는 낚싯바늘을 물에 꽂아 넣네

Danza delle ore _시간의 춤

라 조콘다의
대표곡을 감상해 보세요.

# 연인을 갈라놓은
# 사악한 음모

: 오텔로 *Otello*

사이프러스 섬의 항구. 이곳에 사람들이 모여 적과의 전투에서 승리한 사이프러스의 총독 '오텔로'가 폭풍을 헤치고 무사히 귀환하기를 기원하고 있었습니다. 마침내 오텔로의 전함이 항구에 도착하자, 오텔로는 승리의 노래를 부르고 백성들은 환호합니다.

그러나 오텔로의 부하 장교 '로더리고'와 '이아고'는 백성들의 환호에 어울릴 기분이 아니었습니다. 로더리고는 오텔로가 전투에 패배하면 그의 아름다운 아내 '데스데모나'에게 접근할 마음을 갖고 있었기 때문이었습니다.

다른 한 사람, 이아고는 오텔로가 자신을 진급시켜주지 않는다고 불만을 품고 있었습니다. 그가 성실하지 않고 책임감이 없으며 다른 사람을 모함하기를 즐긴다는 이유였는데, 자신의 부족함을 반성하기는커녕 오텔로의 부관 '카시오'가 자기를 대신해 승진하자 오텔로에게 반감을 품은 것이었습니다.

 병사들이 모인 술집에서, 이아고는 카시오의 진급을 축하한다며 연거푸 술을 따라 줍니다. 술에 취한 카시오는 사소한 일로 귀족을 칼로 찔러 죽입니다.
 이 소동이 오텔로의 귀에 들어가자 이아고의 바람대로 카시오는 직위를 박탈당합니다.

 그러나 여전히 오텔로를 향한 앙심이 남은 이아고는 또다른 음모를 꾸밉니다. 이아고는 카시오에게 데스데모나에게 복직을 부탁해 보라고 제안합니다.
 이때 그는 오텔로를 향한 증오심과는 별개로 자신은 천성적으로 남을 모함하고 계략을 꾸미기 위해 태어난 사람이라며 독백합니다.


**Esultate! L'orgoglio musulmano**
기뻐하라. 적들은 모두 물속에 잠겼다

기뻐하라! 이슬람의 자존심은 깊이 묻혔다
영광은 우리와 하늘의 것이다
우리의 선원들은 폭풍을 이겨냈다

오텔로 만세! 만세! 만세! 승리! 승리!

수직으로 몰락했다!

승리! 승리! 승리! 승리! 파괴! 파괴!

승리! 승리! 파괴! 파괴!


패배당했고, 파멸됐으며,

수렁에 빠진 그들은

그들의 진혼곡은

물보라의 날카로운 벽력이,

소용돌이와 파도 소리가 될 것이다

승리! 승리! 만세!

광분한 폭풍우는 지나갔다

---

### Credo in un Dio crudel
**나는 잔인한 신을 믿는다**

나는 그의 모습 그대로

나를 창조하신 잔인한 신을 믿지

그리고 노여워하며 그의 이름을 부르노라

비열함의 세포나 원자로부터,

난 비열하게 태어났어

난 비열한 놈이야,

왜냐면 난 인간이고,

내 몸속에 태초의 악함을 느끼니까

그래, 이것이 나의 믿음이야!


난 교회의 과부처럼 확고부동하게 믿는다
내가 생각하고 행하는 악한 것들을
난 운명의 명령을 받아 그렇게 생각하고 행한다
나는 정직한 사람은 얼굴이나
마음을 흉내 내는 배우라고 믿는다
그의 모든 존재는 거짓이야!
눈물, 키스, 눈짓, 희생과 영광!


요람의 세포에서 무덤의 구더기까지,
인간은 악한 운명에 희롱당하고 있지
이 모든 헛고생 끝엔 죽음이 있지
그러고 나면? 그러고 나면? 죽으면 끝이야!
천국이란 허황된 이야기지!



이아고의 조언을 들은 카시오는 데스데모나를 만나러 갑니다. 오텔로는 카시오가 아내와 만나 이야기 나누는 것을 보고 의아해하죠. 카시오가 데스데모나에게 복직을 부탁하는 모습이 마치 사랑을 고백하는 것처럼 보였기 때문이었습니다.

이 모습을 지켜보던 오텔로에게 이아고가 다가가 말합니

다. 두 사람은 이전부터 아주 친했지만 요즘 특히 수상해졌다며 남들이 오해하지 않을까 걱정이라고요.

그런 차에 데스데모나가 카시오의 복직을 부탁하자 오텔로는 급기야 아내가 바람을 피운다고 오해합니다. 오텔로는 카시오와 달리 자신은 남들에게 핍박받는 무어인(아랍계 이슬람교도)이라는 자격지심까지 겹쳐 분노하고 얼굴에 땀을 흘립니다.

데스데모나는 딸기를 수놓은 예쁜 손수건을 꺼내 오텔로의 땀을 닦아주려 하지만, 그는 데스데모나의 손길을 뿌리칩니다. 손수건은 땅에 떨어지고 당황한 데스데모나는 오텔로의 심기를 거스르지 않기 위해 바삐 안채로 들어가 버립니다. 시녀이자 이아고의 아내인 '에밀리아'가 떨어진 손수건을 주우려는데, 갑자기 나타난 이아고가 몰래 손수건을 낚아챕니다.

오텔로는 이아고가 손수건을 낚아챈 것도 알지 못한 채, 데스데모나와 카시오가 불륜 관계라는 증거를 대라고 다그칩니다. 그러자 그는 카시오가 잠결에 '데스데모나'라고 중얼거리는 소리를 들었다고 대답합니다.

오텔로는 불같이 화를 내며 카시오를 가만두지 않겠다고 다짐합니다. 이아고는 오텔로를 더욱 자극하기 위해 데스데모나에게 딸기를 수놓은 손수건이 어디에 있는지 물어보라고 조언합니다. 그 손수건은 오텔로가 데스데모나에게 애정의 표시로 준 것이었습니다.

이아고의 조언대로, 오텔로는 손수건이 어디에 있냐며 데스데모나를 추궁합니다. 데스데모나가 손수건을 찾아보지만 찾을 수 있을 리가 없었습니다.

오텔로는 자신이 준 손수건을 잃어버린 것이 자신을 사랑하지 않는 증거라며 분노합니다. 데스데모나는 남편의 분노에 당황하며 자신은 오직 오텔로만을 사랑한다고 맹세합니다.

홀로 남은 오텔로는 사랑으로 상심하는 자신을 저주하지만, 아내가 다른 사람을 사랑하는 모습이 떠올라 견딜 수 없어 괴로워합니다. 그때, 카시오가 나타나 웬 손수건이 집에 놓여 있는데, 어디서 난 것인지 알 수 없다며 떠들어댑니다.

그 손수건이 데스데모나의 것임을 눈치챈 오텔로는 순식간에 카시오를 향한 복수심이 차오릅니다. 그러자 이아고는 자신이 카시오를 처치하겠다고 나섭니다. 오텔로는 카시오를 처치하면 이아고를 진급시켜주겠다고 약속합니다.

마침 베네치아 사절단을 태운 배가 도착합니다. 그들은 오텔로가 승전을 거둔 공으로 승진이 결정되었다며 베네치아로 가야 한다는 말을 전합니다.

이후, 사절단이 출장 중 직무를 누구에게 맡길 것인지 묻자 사람들은 성실하고 충성스러운 카시오가 맡아야 한다고 외칩니다. 이 외침을 들은 오텔로는 화가 치밀어 데스데모나를 밀어버린 뒤 정신을 잃고 쓰러집니다.

한편, 데스데모나의 침실에서는 에밀리아가 침대 시트를 결혼 초야처럼 하얀 것으로 갈고 있었습니다. 데스데모나가 부탁했기 때문이었습니다. 그녀는 만일 자신이 목숨을 잃으면 이 시트에 싸서 묻어달라고 부탁합니다.

곧 오텔로가 침실에 들어와 카시오와 데스데모나의 부정을 비난하기 시작합니다. 데스데모나는 무고함과 결백을 주장하지만 그럴수록 오텔로는 이성을 잃어갑니다. 결국, 오텔로는 억센 팔로 연약한 데스데모나의 목을 조릅니다.

그 순간, 에밀리아가 뛰어 들어와 카시오와 로더리고가 결투하다 로더리고가 죽었다고 전합니다. 에밀리아를 뒤따라 이전 총독이었던 '몬타노'가 들어옵니다. 그는 로더리고가 숨을 거두기 직전, 이아고의 음모를 모두 고백하며 데스데모나와 카시오 사이에는 아무 일이 없었음을 증언했다고 알립니다.

뒤늦게 정신을 차린 오텔로는 자신의 멍청함을 한탄합니다. 그는 단도로 자신을 찌르고 싸늘하게 식은 데스데모나에게 세 번의 키스를 남긴 뒤 숨을 거둡니다.

### Niun mi tema

나를 두려워하지 마시오

다들 내가 칼을 지닌 걸 보고 있지만

이게 내 인생 여정의 끝이요


오 영광! 이제 더 이상 오텔로가 아니오


그대 너무 창백하구나

너무 지쳐 있고, 말이 없네

너무 아름다워

믿음직한 여인이여


사악한 별 아래서 태어난 그대인가

아 차갑구나, 그대 순결 순수함이여

그대 영혼은 이제 신의 손 안에 있도다

데스데모나, 데스데모나!

나 죽었구나! 죽었구나!


나에게는 다른 무기가 있다!

내가 그대 죽이기 전에…… 내가 사랑했던 부인이여!

지금 나는 죽어가고 있어,

죽음의 그림자가 날 삼키네

키스, 또 다른 키스,

아!⋯⋯ 한 번 더 키스를⋯⋯

---

### Mia madre aveva una povera ancella (Willow Song)
어머니께서 가난한 계집종을 두었는데(버드나무 노래)

노래하며 울고 있었네

황량한 들판에서,

불쌍한 여인

오 버드나무! 버드나무! 버드나무여!

깊숙이 고개 숙인 채 웅크리고 있었지

오 버드나무! 버드나무! 버드나무여!

노래합시다, 장례용 버드나무는

언젠가는 내 상여의 꽃 장식

서둘러요, 곧 오텔로가 올 테니까

꽃밭에는 냇물이 흐르고

찢어진 가슴은 신음하고 있었지

눈썹에서는 끊임없이

쓰디쓴 눈물이 흘러나왔어

오 버드나무! 버드나무! 버드나무여!

노래합시다, 장례용 버드나무는

언젠가는 내 상여의 꽃 장식

---

## Ave Maria

아베 마리아

기도해 주소서 죄인을 위해서

결백한 사람을 위해서

그리고 억압받는 약한 사람을 위해서

그리고 힘을 가진 사람을 위해서

그도 또한 불쌍한 사람입니다

당신의 동정심을 보여주소서


기도하소서 난폭한 행위로 인해

얼굴을 굽힌 사람을 위해서

그리고 사악한 운명으로 인해

고개를 숙인 사람을 위해서

우리를 위해 당신께서 기도하소서

기도하소서 언제나

그리고 우리들의 죽음의 시간에

기도하소서 우리를 위해

아베 마리아,

아멘

오페라 〈오텔로〉는 셰익스피어의 비극 《오텔로》를 바탕으로 베르디(Giuseppe Fortunino Francesco Verdi)가 작곡한 것입니다. 그러나 이 오페라는 베르디의 오페라 규범에서 벗어난 작품이라고 평가받습니다. 오페라의 장면에 번호를 붙이는 방식으로 유명했던 베르디가 이 작품에는 번호를 붙이지 않았기 때문입니다.

베르디는 번호를 사용하지 않는 대신, 참신하고 종합적인 작품을 만드는 것을 목표로 삼았습니다. 이를 위해 작품 전반에 힘차게 퍼져나가는 음악을 배치하여 오텔로의 높은 기상과 군인으로서의 기개, 그리고 그의 강박적인 질투심을 표현했습니다. 반면 순수한 데스데모나에게는 부드러운 음악을, 간교한 이아고에게는 뱀처럼 냉혹한 음악을 부여하여 작품의 연극성을 높였습니다.

또한, 오케스트라 연주에 암울한 음향을 덧붙여 주역이 자결하는 장면을 섬세하고 깊이 있게 묘사하였습니다. 그러나 특정한 가수를 위한 작곡을 하지는 않았습니다. 〈오텔로〉는 극장과 계약하지 않고 베르디의 순수한 예술적 욕구만으로 쓴 작품이었기 때문입니다.

〈오텔로〉는 고귀한 인물이 감정에만 휩싸여 스스로 성찰하지도, 타인을 헤아리지도 못한 채 영광과 행복의 절정에

서 스스로 나락으로 추락해 죽음에 이르는 과정을 보여주
고 있습니다.

그 모습을 지켜보는 관객들은 추악한 인간 본성의 심리를
엿보게 될지도 모릅니다.

### ❧ **Main Music** ❧

오텔로(Otello)

Ave Maria piena di grazia _신의 은총이 충만하시네

Mia madre aveva una povera ancella (Willow Song) _어머니께서

가난한 계집종을 두었는데(버드나무 노래)

Gia nella notte densa _이미 어두운 밤에

Credo in un Dio crudel _나는 잔인한 신을 믿는다

Niun mi tema _나를 두려워하지 마시오

Assisa a pie d'un salice _버드나무 아래 앉아서

Piangea cantando _노래하며 울었네

Ave Maria _아베 마리아

Esultate! L'orgoglio musulmano _기뻐하라. 적들은 모두 물속에 잠겼다

오텔로의
대표곡을 감상해 보세요.

# 마법 반지가
# 불러온 파멸

## : 니벨룽의 반지 *Ring of the Nibelungs*

신비롭고 몽환적인 라인 강. 이곳에서 라인 강의 세 여인이 헤엄치고 있습니다. 그들의 이름은 '보글린데', '벨군데', '플로스힐데'였습니다. 이때, 세 여인을 좋아하는 난쟁이 '알베리히'가 나타나 여인들은 쫓아다니기 시작합니다. 그러자 여인들은 알베리히를 피해 다니며 놀립니다.

그 순간 갑자기 햇빛이 라인 강을 비춥니다. 그러자 강바닥에 숨겨져 있던 황금이 드러납니다. 세 여인은 알베리히에게 자신들이 아버지 '보탄'의 명으로 황금을 지키고 있다고 말합니다. 사랑을 부인하는 자만이 강의 황금으로 전능한 힘을 가진 반지를 만들어 낼 수 있다고 덧붙입니다.

황금의 비밀을 알게 된 알베리히는 돌연 세 여인에 대한 사랑을 부인합니다. 그리고는 놀란 세 여인을 내버려 두고 황금을 훔쳐 달아납니다.

한편, 보탄은 발할라가 보이는 산에서 깨어납니다. 그는 거인 형제 '파프너'와 '파솔트'를 고용해 용사들이 묵을 발할라 성을 짓게 합니다.

한 가지 문제는, 보탄이 불의 신인 장난꾸러기 '로게'의 교활한 술책에 넘어갔다는 것입니다. 그는 발할라 성을 지어주는 대가로 두 거인에게 젊음과 미의 여신 '프라이아'를 넘겨주기로 약속했습니다.

보탄의 아내이자 프라이아의 언니인 '프리카'는 동생을 거인들에게 넘겨주기로 약속한 보탄을 원망하고 있었습니다. 그런데, 프라이아가 자신을 납치하려는 거인 형제에게서 도망쳐 보탄과 프리카에게 찾아옵니다.

곤란해진 보탄은 이런저런 말로 시간을 끌며 로게가 나타나 난처한 상황으로부터 그를 구해 주길 바랍니다.

그때 번개의 신 '도너'와 행복의 신 '프로오'가 프라이아를 구하기 위해서 달려옵니다. 도너는 자신의 망치로 거인들을 내리치려 했으나 보탄이 창을 들어 도너를 막습니다. 계약의 신인 보탄은 거인들과 했던 약속에 책임감을 느꼈기 때문이었습니다.

바로 그때 불의 신 로게가 화염 속에 나타납니다. 모든 신이 프라이아를 곤경에 빠뜨린 로게에게 분노하지만 로게는 적반하장으로 화를 내며 거인 형제를 두둔합니다. 프라이아처럼 아름다운 여인을 누가 거부할 수 있냐는 것이었습니다. 로게의 발언은 신들을 더욱 분노케 했습니다.

그러자 로게는 알베리히의 이야기를 언급합니다. 알베리히가 라인 강의 황금을 훔쳐 반지를 만들고 반지의 힘을 얻어 더욱 많은 보물을 얻었다는 이야기였습니다. 이어, 라인 강의 세 여인이 보탄에게 황금을 찾아달라고 부탁했다는 사실까지 전합니다.

이 이야기를 들은 두 거인은 프라이아를 대신할 수 있는 것은 알베리히의 보물밖에 없다며 보탄에게 둘 중 하나를 줄 것을 요구합니다.

보탄은 갖고 있지 않은 것을 어떻게 줄 수 있냐며 주저합니다. 하지만 거인들은 해가 지기 전에 값을 치르라며 프라이아를 데리고 나가버립니다.

프라이아가 사라지자 신들은 갑자기 늙기 시작합니다. 이 모습을 본 로게는 신들이 늙지 않았던 이유가 프라이아의 황금사과를 먹은 덕분이라는 것을 알아차립니다.

로게는 알베리히가 라인의 황금으로 만든 반지는 본래 그의 것이 아니니, 그것을 빼앗고 프라이아를 되찾아오자고 보탄에게 제안합니다. 다른 수가 없던 보탄은 로게와 함께 알베리히가 있는 니벨하임으로 향합니다.


## Das Rheingold
라인의 황금

누가 우리를 엿보는 걸까?

저기 멋진 애인이 오셨네


나를 사랑해 줘, 예쁜 아가씨

사랑을 원하면 나를 잡아 봐!

잡아 봐! 수영할 테니!


나를 비웃는 거야?

다른 것은 줄 수 없어


모욕당하다니

너무 괴로워!

잔인하게 나를 놀리다니!

하나라도 잡히기만 해 봐라


저거 봐!

태양이 황금을 비춘다!

라인의 황금!

하이야! 하이야!

발랄라! 랄랄라이야!


인어들아

거기 빛나는 게 뭐지?


이 황금의 비밀을 알면

깜짝 놀랄 거야

이 황금으로 반지를 만들면

세상을 차지할 수 있어


하지만 사랑을 저주하고

사랑의 기쁨을 포기해야 해

권력만을 원해야

반지를 만들 수 있어


그러면 온 세상이

내 차지가 된다?


그럼 잘 들어

나는 영원히

사랑을 저주한다!

한편, 니벨하임에서는 알베리히가 동생 '미메'에게 타른헬름이라는 마법 투구를 만들라고 명령합니다. 타른헬름을 쓰면 모습을 투명하게 만들어 감추거나 다른 사람의 모습으로 변신할 수 있는 능력이 생깁니다.

미메는 타른헬름을 쓰고서 알베리히가 가진 보물, 특히 반지를 빼앗을 궁리를 합니다. 미메의 속셈을 눈치챈 알베리히는 타른헬름을 빼앗아 쓰곤 주문을 외워 자신의 모습을 투명하게 만듭니다. 그리곤 동생을 마구 두들겨 패고 사라집니다.

알베리히가 떠난 뒤, 미메 앞에 보탄과 로게가 나타납니다. 미메는 그들에게 알베리히의 이야기를 들려주고 그들은 미메와 난쟁이들을 알베리히의 폭정에서 구해 주겠다고 약속합니다.

얼마 지나지 않아 다시 나타난 알베리히는 보탄과 로게를 알아보고 자신의 반지와 타른헬름을 자랑하기 시작합니다. 로게는 가만히 그의 자랑을 들어주다가 타른헬름의 능력이 보고 싶다며 알베리히를 꼬드깁니다.

보탄과 로게의 수작에 넘어간 알베리히는 타른헬름의 능력으로 큰 뱀으로 변신합니다. 로게는 깜짝 놀란 척하며 아주 작은 것으로도 변신할 수 있겠느냐고 묻습니다. 기세등등해진 알베리히는 두꺼비로 변신합니다.

그러자 보탄과 로게는 손쉽게 알베리히를 잡고 목숨의 대가로 그의 보물을 요구합니다.

알베리히는 살기 위해 자신의 보물들은 물론 타른헬름까지도 주겠다고 합니다. 하지만 반지를 빼앗으려 하자 격렬하게 저항합니다. 결국 알베리히는 보탄에게 반지를 빼앗깁니다.

그러자 알베리히는 반지를 가진 사람은 다른 이들의 시기와 질투로 인한 근심 속에서 반지의 노예가 되어 파멸할 것이라고 저주를 내립니다. 그러나 보탄은 저주를 무시하고 보물들을 가지고 가버립니다.

배경은 다시 발할라가 보이는 산. 거인들이 프라이아를 데리고 나타납니다. 거인들은 프라이아를 되찾기 위해서는 그녀를 모두 가릴 만큼의 보물을 쌓아야 한다고 요구합니다. 그러자 프라이아 앞으로 모든 보물이 쌓입니다. 그럼에도 파솔트는 프라이아의 머리카락이 보인다며 타른헬름을 요구합니다.

내키지 않았지만 보탄은 타른헬름을 보물 위에 올려놓습니다. 하지만 파솔트는 아직 프라이아의 눈동자가 보인다고 주장했고 파프너는 보탄이 끼고 있는 알베리히의 반지로 그 빛을 가릴 것을 요구합니다. 반지까지 요구받자 보탄은 단호히 이를 거절하고, 거인들은 협상이 깨졌다고 선언합니다.

이때 운명의 여신 '에르다'가 나타나 보탄에게 거인 형제에게 반지를 넘겨주라 말합니다. 에르다는 반지를 넘겨야 반지의 저주를 피할 수 있을 것이라며, 자신이 신들의 황혼을 보았다는 알 수 없는 말을 남기고 사라집니다.

결국, 보탄은 에르다의 충고대로 반지를 거인 형제에게 넘겨주고 프라이아를 되찾습니다.

에르다의 예언대로, 알베리히가 반지에 건 저주는 파솔트와 파프너 두 거인 형제에게 바로 나타났습니다. 누가 보물과 반지를 가질 것인가를 놓고 다투다가 동생 파프너가 황금 덩어리로 형 파솔트를 내리쳐 죽이고 만 것입니다. 파프너는 반지와 보물들을 가지고 사라지고, 보탄은 반지의 저주에 놀랍니다.

이후 프로오가 발할라 입구와 연결되는 무지개다리를 놓자 신들은 힘겹게 얻은 발할라 성으로 들어가게 됩니다. 반면, 간교한 로게는 슬쩍 옆으로 빠지면서 들어가지 않습니다.

그러자 라인 강의 세 여인이 무대 뒤에서 나타나 잃어버린 황금에 대해 슬퍼하는 노래를 부르기 시작합니다. 보탄은 세 여인의 노랫소리가 시끄러워 그녀들을 조용히 만들라고 로게에게 지시합니다. 하지만 세 여인은 보탄과 로게의 명령을 듣지 않고 신들을 비난합니다. 신들이 모두 발할라 성으로 입성하자 막이 내립니다.

## Der Ring Der Nibelungen
니벨룽의 반지

피비린내 나는 복수

반역과 강도

재는 재로

먼지에서 먼지로


영혼들이 불타올랐다

내 피가 마른다

영웅은 죽었고 노래는 잔인하다


신들의 강요에 의해,

그것은 라인의 황금으로 만들어졌다

그 저주는 정말 대단하다

니벨룽의 반지


영원은 강간당했다

나는 너를 어둠 속에서 붙잡을 거다

아무도 제국을 떠날 수 없다

내가 왼쪽에서 너희를 만질 때,

그는 어둠 속에서 나의 영원한 불꽃 속에

사로잡힐 것이다


내게로 오너라

나의 어두운 왕국에서 내게로 오너라

---

## Wotan's Farewell
### 보탄의 고별

안녕히 계세요, 용감하고 멋진 아이여!

당신은 내 마음의 거룩한 자랑입니다!

안녕! 안녕! 안녕!


난 당신을 피해야 해요

그리고 비난해서는 안 되죠

나의 인사는 당신을 더 많이 맞이합니다

당신은 더 이상 내 옆에 타지 않을 겁니다


빌헬름 리하르트 바그너(Wilhelm Richard Wagner)가 대본을 쓰고 작곡한 〈니벨룽의 반지〉는 그가 창시한 음악극의 최대 걸작이자 음악적 이상을 실현한 필생의 역작으로 꼽힙니다. 작곡 기간이 28년이나 되고, 등장인물도 많은데 다 내용이 매우 길고 복잡하기 때문입니다.

작품의 전 곡을 통틀어 무려 100여 개가 넘는 유도동기 (Leitmotiv, 무대극 관련 용어로 인물, 상황 등 반복되는 짧은 주제나 동기를 묘사할 때마다 공통으로 사용되는 주제선율)를 활용하기까지 했습니다.

이처럼 전폭적으로 유도동기가 사용되고 대사로 표현하기 어려운 작중의 분위기나 인물의 심리 묘사를 음악으로 표현하여 통상적인 오페라에 비해 오케스트라의 비중이 높은 것이 특징입니다.

또한, 음악적 표현력을 극대화하기 위해 당시 기준으로는 굉장히 대규모로 편성된 관현악을 사용했으며 매우 낮은 저음부터 아주 높은 고음까지 구현하도록 다양한 악기를 사용했습니다.

그렇게 작곡한 곡들을 연주하기 위해서는 최고의 실력을 갖춘 가수들과 대규모의 교향악단, 특별한 연주자들이 필요합니다. 그리고 공연의 웅장함을 살리기 위해서는 무대장치에도 각별히 신경을 써야 했죠.

이 모든 것을 준비하기 위해서는 막대한 비용이 필요하기 때문에 〈니벨룽의 반지〉 4부작은 짧은 기간에 모두 공연하는 경우가 드뭅니다.

  흔치 않게, 한국에서는 러시아의 발레리 게르기예프와 마린스키 오페라단이 세종문화회관에서 〈니벨룽의 반지〉 4부작을 공연한 적이 있었습니다. 보탄처럼 체력 소모가 심한 인물들은 가수를 교체하여 출연시키는 방식으로 진행되었습니다.

  이처럼 만반의 준비를 해야 무대에 올릴 수 있는 대작인 만큼 무대를 감상하는 관객들은 다채로운 체험을 하며 웅장한 오페라의 진수를 맛볼 수 있습니다.

## ✒ Main Music ✑

**니벨룽의 반지**(Ring of the Nibelungs)

Winterstürme wichen dem Wonnemond _겨울 폭풍은 기쁨의 달로 바뀌었다

Du bist der Lenz _너는 봄이다

Hojotoho! Hojotoho! Heiaha! _호요토호! 호요토호! 헤이아하!

Schmiede, mein Hammer, ein hartes Schwert _내 망치여, 단단한 검을
　　　만들어라

Nun hör, Hagen, sei mir gegrüßt _자, 들어라, 하겐, 나를 인사하라

Ewig war ich, ewig bin ich _나는 영원히 있었고, 영원히 있을 것이다

Götterdämmerung _황혼의 신들

Wotan's Farewell _보탄의 고별

Der Ring Der Nibelungen _니벨룽의 반지

Das Rheingold _라인의 황금

**니벨룽의 반지**의
대표곡을 감상해 보세요.

# 노래에 살고
# 사랑에 살고

: 토스카 *Tosca*

　　성 안드레아 델라 발레 성당. 탈옥한 전직 로마 공화국 영사인 '안젤로티'가 들어와 여동생이 마련해 둔 열쇠를 찾아 기도실로 숨습니다.

　　잠시 후 '카바라도시'가 기도실에 들어와 그림을 덮고 있던 천을 치웁니다. 그러자 카바라도시가 사랑하는 안젤로티의 여동생을 모델로 그리던 '막달라 마리아'의 모습이 드러납니다. 그리고 이 모습을 지나가는 성당지기가 우연히 보게 됩니다.


　　그림을 그리고 있던 카바라도시 앞에 나타난 안젤로티. 친구 사이인 그들은 서로 반갑게 인사합니다. 카바라도시는 안젤로티의 탈출을 돕겠다고 약속하며 자신의 연인인 '토스카'가 가져다준 음식 바구니를 건넵니다.

　　그때, 토스카가 돌아오는 바람에 안젤로티는 황급히 숨습니다. 수상한 낌새를 눈치챈 토스카는 카바라도시가 누구와 함께 있었는지 추궁합니다. 그리고 그림 속의 여인이 안젤로티의 여동생이 아니냐며 카바라도시를 몰아세웁니다. 그러자 카바라도시는 오늘 밤 토스카가 출연하는 음악회를 보러 교외의 별장으로 가겠다고 그녀를 달래 돌려보냅니다.

다시 안젤로티에게 간 카바라도시는 자신의 별장으로 가라며 열쇠를 주고, 만약 무슨 일이 있으면 우물로 가서 거기 있는 굴에 숨으라고 알려줍니다. 이들이 성당을 나오자 탈옥을 알리는 대포소리가 울리고 둘은 서둘러 도망칩니다.

한편, 나폴레옹의 패배 소식이 알려지자 사람들이 기뻐하며 성당으로 몰려옵니다. 하지만 로마 경찰서장 '스카르피아' 남작이 나타나 성당지기를 제외한 모두를 내보내고 탈옥수를 체포하기 위한 대책을 논의하기 시작합니다. 성당지기를 추궁하던 스카르피아는 성당에 안젤로티가 숨었음을 확신하고 기도실을 뒤지다가 여성용 부채를 발견합니다.

이때 토스카가 오늘 별장으로 갈 수 없게 되었다는 소식을 전하러 성당으로 왔다가 카바라도시가 없다는 사실을 알고 당황합니다.

스카르피아와 경관 '스폴레타'는 토스카에게 안젤로티가 이곳에 숨어 있다는 증거로 아타반티 가문의 문장이 박힌 부채를 보여주며 질투를 유발합니다. 안젤로티의 거처를 알아내기 위해서였습니다.

토스카는 분노하며 별장으로 달려가고 스카르피아는 부하 스폴레타에게 그녀를 미행하라고 지시합니다. 이어서 토스카를 자신의 여인으로 만들 계략도 꾸밉니다.

### Recondita armonia

오묘한 조화

여러 아름다움이 모인

오묘한 조화여!

플로리아, 나의 열렬한 사랑이여,

그의 머린 갈색인데

누군지 모를 그 아름다운 당신은

금발이고

당신의 눈은 푸르지만

토스카의 눈은 검은색이지!

신비로움 속에

아름다움은 하나가 되어

그녀를 그릴 동안

내가 생각하는 것은

오직 그대, 토스카 그대!

## Mario Cavaradossi

마리오 카바라도시

마리오 카바라도시인가요?

당신에게 한 시간을 주겠다

성직자가 당신을 기다리고 있을 거야


마지막 부탁이 있습니다

내가 도울 수 있다면


매우 소중한 사람을

남겨두고 갑니다

허락해 주세요


그녀에게 편지를 쓰게 해 주세요

이 반지를 그녀에게 전해 주세요

그녀에게 마지막 작별 인사를 약속해 주세요


그렇다면 그것은 당신의 것입니다


이제 배경은 파르네제 궁전 안 스카르피아의 방. 스폴레
타는 별장을 덮쳤으나 탈옥수 안젤로티를 찾지 못하고 카
바라도시만 스카르피아에게 데려옵니다. 안젤로티의 위치를

묻는 스카르피아에게 카바라도시는 모르쇠로 일관합니다.

화가 난 스카르피아는 토스카를 불러 카바라도시가 고문당하는 소리를 들려줍니다. 연인의 고통스러운 비명에 토스카는 그만 안젤로티가 우물 속에 숨어 있다는 사실을 실토합니다.

카바라도시는 그런 그녀를 질책하는데, 전달자인 '샤로네'가 달려와 나폴레옹이 크게 승리하였다 보고합니다. 카바라도시는 기쁨에 겨운 나머지 소리치며 스카르피아에게 욕을 퍼붓습니다. 스카르피아는 분노하여 카바라도시를 감옥에 넣으라고 명령합니다.

토스카는 스카르피아에게 카바라도시를 살려달라고 애원하고, 스카르피아는 그 조건으로 그녀의 몸을 요구합니다. 토스카는 처음에는 격하게 거부했으나 이내 고민하며 괴로워하기 시작합니다.

그때 스폴레타가 돌아와 안젤로티가 자살했다고 보고합니다. 카바라도시의 처형 시간이 다가오자 토스카는 어쩔 수 없이 제안을 받아들입니다.

스카르피아는 스폴레타에게 카바라도시를 "팔미에리 백작처럼 처형하라."라고 지시합니다. 공포탄을 쏴 카바라도시가 죽은 척하면 그를 살려주는 방식이었습니다. 토스카는 외국으로 도망칠 수 있게 통행증을 써달라고 부탁하고, 스카르피아가 서류를 작성하는 동안 칼을 찾아 숨깁니다. 그리곤 서류를 건네려는 그를 칼로 찔러 죽입니다.

그 시각, 산타첼로 성의 옥상에서는 형 집행을 위해 연행된 카바라도시가 토스카에게 마지막 편지를 쓰는 중이었습니다. 그때 토스카가 달려와 지금까지의 일을 설명하고 공포탄이 발사되면 죽은 척을 하라고 일러줍니다.

숨어서 형 집행을 지켜보던 토스카는 병사들이 철수하자마자 카바라도시에게 달려갑니다. 그러나 그는 정말로 총살당해 죽어버린 후였습니다. "필미에리 백작처럼 처형하라."라는 말의 의미를 뒤늦게 깨달은 토스카.

그때 스카르피아의 시신을 발견한 스폴레타가 토스카를 향해 병사들과 함께 달려옵니다. 병사들에게 둘러싸인 토스카는 성벽에 올라, 스카르피아를 향해 신 앞에서 다시 만나자고 부르짖으며 성벽 아래로 몸을 던집니다.


### Vissi d'arte, vissi d'amore
예술에 살고 사랑에 살고

노래로 살고 사랑으로 살며
살아 있는 사람을 상처 준 일도 없고,
불행한 사람을 보면

슬며시 남모르게 도와주었습니다


끊임없이 참된 신앙심을 갖고

나의 이 기도를

거룩한 성상마다 드려 왔습니다

끊임없이 참된 신앙심을 갖고

제단마다 꽃을 바쳐 왔습니다


이런 고난의 시기에, 어째서

왜 신은, 어째서

제게 이런 보답을 하십니까?


보석들을 성모님의

망토에도 바쳐 왔고,

노래를 하늘의 별에,

한층 아름답게 빛나는 별에 바치기도 했습니다


이 고난의 시기에 어째서,

왜 신이시여, 아 어째서 내게 이런 보답을 하십니까

---

## E lucevan le stelle
### 별은 빛나건만

별은 빛나고, 대지는 향기로 가득 차 있었다

채소밭의 문이 삐걱거리며

모래에 스치는 발걸음 소리


향긋한 냄새를 풍기며 그녀가 들어와

내 품속에 몸을 맡겼다

오! 달콤한 입맞춤,

수없는 나른한 애무


나는 떨면서 베일을 벗기고

아름다운 모습을 보는 틈도 아쉬워하며

이 사랑의 꿈은 영원히 사라졌다

시간은 흘러갔다

절망 속에 나는 죽는다


오페라 〈토스카〉는 무대를 압도하는 비극적인 스타일의 음악으로 시작합니다. 그 때문에 푸치니(Giacomo Puccini)의 다른 오페라들에 비해 도입부가 어둡고 무겁습니다.

그러나 푸치니는 코믹한 인상을 주기 위해 성직자를 조연으로 활용하였습니다. 이는 작곡가 푸치니가 세심히 고려

하여 조연 캐릭터를 배치했음을 엿볼 수 있는 설정입니다.

조연은 물론, 주연 캐릭터들 역시 평범하지 않습니다. 여자 주인공 플로리아 토스카는 뛰어난 미모의 오페라 가수입니다. 오페라 가수를 오페라의 주인공으로 등장시킨 것은 상당히 독특한 설정이었습니다.

남자 주인공인 마리오 카바라도시가 화가인 것도 흔치 않은 설정이었습니다. 캔버스에 자신의 이상을 표현하는 화가는 열정적이고 탐미적인 인물을 나타냅니다.

이렇듯 두 주인공이 모두 예술가라는 설정은 이상과 현실 사이의 피치 못할 부조리를 효과적으로 드러내기 위해서였습니다.

권력의 시녀로서 자신의 욕심을 채우려 물불을 가리지 않는 경시총감과 공화제를 위해 혁명을 기도하는 청년운동가 안젤로티를 대조하는 것도 비슷한 맥락입니다.

이렇듯 작품은 주인공들의 다양한 면모를 통해 선과 악, 자유와 억압, 사랑과 증오, 탐욕과 희생을 대비시키며 가치관의 잣대를 보여주고 있습니다.

가치관의 선명한 대비를 보여준 〈토스카〉는 대중적으로 뜨거운 호응을 얻었습니다. 반면 평단의 반응은 싸늘했습니다. '여성에 대한 학대'처럼 상투적인 기법에 의존하고 창의적인 아이디어가 부족하다는 것이 비판의 요지였습니다.

하지만 그들의 비판은 한 가지를 간과하고 있었습니다. 시대적 비극과 통속적인 요소가 적절하게 뒤섞여 관객들에게 재미를 선사하는 것이야말로 〈토스카〉의 매력이라는 점을 말입니다.

이 작품에는 살인과 자살 같은 자극적인 요소가 다수 등장합니다. 관객들은 이러한 인물들의 고난과 비극에 당혹감을 느낄 수 있을 것입니다. 하지만 동시에 바로 이 점이 관객들의 카타르시스가 되기도 하지요. 작품 속 인물들의 마음에 깊이 공감하여 직접 체험하는 듯한 경험을 할 수 있을 테니까요.

### ∾ Main Music ∾

토스카(Tosca)

E lucevan le stelle _별은 빛나건만

Recondita armonia _오묘한 조화

Te deum _감사합니다

Vissi d'arte, vissi d'amore _예술에 살고 사랑에 살고

Mario Cavaradossi _마리오 카바라도시

Vittoria Vittoria! _승리, 승리!

Ah! quegli occhi _아! 그 눈동자들

Mario su presto! _마리오, 빨리 올라오세요!

Mario Mario son qui! _마리오, 마리오, 여기 있어요!

Ah! franchigia a Floria Tosca _아! 플로리아 토스카에게 자유를!

PART 5

# 소신과 가치를 지켜내며

: 다양성을 존중하고 차별하지 않는 결말

이 장의 다섯 작품에서는 오페라 가수들이 다양하고 실험적인 노래를 부릅니다. 사랑에 집중하기보다는 다른 무언가에 관심을 가지고 열정을 보이기도 하죠. 작품의 주제 역시 사랑 이야기가 중심이 아니라 주인공이 무언가를 선택하는 이유 혹은 주인공의 관심사에 집중하고 있습니다.

사랑은 인류의 보편적인 염원이자 숙제이지만 꼭 그것만이 아니어도 괜찮다는 겁니다. 꼭 사람을 사랑해야 하는 것이 아니라 내가 좋아하는 무엇이든 사랑할 수 있고 원할 수 있다는 생각의 다양성이 작품들에 녹아져 있습니다.

관객들은 어느 한쪽이 이기고 지는 것보다는 다양성을 존중하고 차별하지 않는 결말을 맞게 됩니다. 시대에 어울리지 않는 고리타분한 이분법적 사고를 넘어서는 것이죠.

# 사랑으로
# 쟁취한 왕관

: 포페아의 대관식 *L'Incoronazione di Poppea*

막이 열리자, 운명의 여신 '포르투나'와 정절의 여신 '비르투'가 말다툼을 벌이고 있습니다. 그들은 누가 더 인간을 마음대로 다룰 수 있는지에 관해 논쟁하고 있었습니다. 그때, 사랑의 여신 '베레네'는 자신이 가장 적격자라며 한 가지 이야기를 들려주기 시작합니다.

전쟁에서 돌아온 영웅 '오토네'는 서둘러 집으로 돌아가 사랑하는 '포페아'를 만나려고 합니다. 그런데 오토네가 전쟁터에 나가 있는 사이, 포페아는 '네로네' 황제와 이미 은밀한 사이가 되어 있었습니다. 네로네 황제가 포페아에게 접근해 온갖 방법으로 환심을 샀기 때문이었습니다.

부귀영화를 갈망하던 포페아 역시 네로네 황제의 접근이 싫지만은 않았습니다. 황제는 지금의 황후 '오타비아'와 이혼하고 포페아를 새로운 황후로 세우겠다고 약속하며 그녀를 유혹합니다. 이를 눈치챈 황후는 슬퍼하며 신들에게 둘을 벌해달라고 기도합니다.

해외 원정의 임무를 마치고 돌아온 오토네는 곧 사랑하는 포페아를 보게 될 기대에 가득 차 있습니다. 그러나 포페아를 지키라고 명령했던 두 명의 경비병이 집 밖에서 졸고 있는 것을 발견하고, 네로네 황제가 포페아를 차지했음을 깨달아 비통해합니다.

다음 날 아침 네로네가 떠나기 전, 포페아는 네로네에게 오타비아를 폐비하고 자신을 황비로 삼겠다는 약속을 재차 확인합니다. 희망에 들뜬 포페아에게 심복 '아르날티'는 황후가 네로네의 부정을 알고 있으니 조심하라고 당부합니다. 그리고 네로네 황제와의 약속을 너무 신뢰하지 말라는 충고를 덧붙입니다.

한편, 황제에게 분노한 황후에게 유모 '누르치네'는 황후역시 연인을 만들어 그에게 복수할 것을 제안합니다. 반면, 철학자이자 대변인인 '세네카'는 황후에게 운명을 받아들이고, 조용히 지낼 것을 조언합니다.

그러나 오타비아의 시종 '발레토'는 세네카의 주장을 비웃으며 그녀를 데려가 버립니다. 홀로 남은 세네카의 앞에 지혜의 여신 '팔라데'가 찾아옵니다. 세네카가 죽을 것을 알았기 때문이었습니다. 팔라데는 세네카가 죽기 직전에 다시 와 경고해 주겠다고 약속합니다.

## Signor, Deh, non Partire
### 신이시여, 떠나지 마세요

신이시여, 떠나지 마세요

이 팔들이 너무 좋아요

목을 감싸고 있어요

당신의 아름다움처럼요

내 마음은 나를 둘러싸고 있어요


포페아, 나가요


떠나지 마세요,

신이시여, 떠나지 마세요

아직 새벽일 뿐이고,

태양은 내 피부예요

내 눈에 띄는 빛이요

그리고 내 인생의 사랑의 날도요

---

## Pur ti miro, pur ti godo
### 그대를 바라보네, 그대 안에서 기뻐하네

당신을 보고, 당신을 즐거워하고,

또 당신을 보듬어 안고, 당신과 짝이 되어

이젠 고통도 없고 죽음도 없소

오, 내 생명, 나의 보물


나는 당신에게 당신은 내게 속하오

내 희망, 말, 말해 다오

오직 당신만이 나의 우상,

내 사랑하는 이, 내 연인

나의 생명이라

---

## Amici e giunta l'ora

친구들이여, 시간은 내 손에 있소이다


죽지 마세요, 세네카, 안돼요

나는 나 자신을 위해 죽지 않을 것입니다


이 삶은 너무 달콤해요

하늘이 너무 맑아요

모든 쓴맛, 모든 독이요


만약 가벼운 수면을 취한다면

저는 아침에 일어나겠죠

하지만 대리석으로 된 통이 있다면


그는 자기가 받은 것을 절대 주지 않아요

나는 나 자신을 위해 죽지 않을 것입니다

죽지 말아요, 세네카

흐느껴요

울음을 연기해요

눈을 통해서요

영혼의 근원이나 사랑하는 사람들에게요


그러던 중 네로네는 세네카를 불러 황후를 폐위하고 포페아와 결혼하겠다고 말합니다. 하지만 세네카는 도덕과 정치적 근거를 들며 반대합니다. 세네카의 반대에 화가 난 네로네는 세네카를 그 자리에서 물러나게 합니다.

사태가 심각하다는 것을 깨달은 세네카는 과한 욕심은 위험하다고 포페아에게 경고합니다. 그러나 포페아는 오히려 네로네를 만나 세네카가 자신들의 관계에 대해 경고했다고 말해버립니다. 화가 난 네로네는 세네카에게 계속 자신을 방해하려거든 목숨을 끊으라고 명령합니다.

집에 돌아온 오토네는 모든 사정을 알고 기구한 자신의 처지를 한탄하며 눈물을 흘립니다. 그런 오토네와 오래전부터 친구처럼 지내는 귀부인 '드루실라'가 찾아와 위로합니다. 두 사람은 궁리 끝에 황후와 공모해 포페아를 처치할 계획을 세웁니다.

오토네는 드루실라의 옷을 입고 포페아를 살해할 계획을 세웁니다. 그러나 사랑의 여신 베레네는 포페아를 죽이는 것이 오토네의 진심이 아니라고 생각했습니다. 베레네는 오토네를 위해 암살 시도를 실패하게 만들고, 암살에 실패한 오토네는 네로네에게 발각될 것이 두려워 왕궁에서 도망칩니다.

오토네를 놓친 병사들은 암살자의 옷만 보고 드루실라가 포페아를 죽이러 숨어들어왔다고 네로네 황제에게 보고합니다. 분노한 네로네는 드루실라를 체포해 당장 처형할 것을 명합니다.

이때, 용감한 오토네는 되돌아와 자신이 포페아를 죽이려 했다고 자백합니다. 네로네는 악명 높은 황제였지만, 오토네가 로마 제국을 위해 세워온 공을 무시할 수는 없었습니다.

결국, 네로네 황제는 오토네를 사형하지 못합니다. 대신 포페아를 포기하는 조건을 걸고 드루실라와 오토네를 멀리 추방합니다.

그 뒤, 황후가 이 음모에 가담한 사실을 알게 된 네로네는 황후도 쫓아냅니다. 이렇게 하여 포페아는 그리도 원하던 황후 자리에 오릅니다. 포페아의 대관식이 열리고 트럼펫의 팡파르가 화려하게 울려 퍼집니다.

# Hor che Seneca e morto, cantiam, cantiam, Lucano

이제 세네카가 죽었다. 노래 부르자, 노래 부르자, 루카노여

세네카가 죽었으니까

노래해요, 루카노를 불러요

노래를 좋아합니다

아름다운 얼굴을 찬미합니다

아모르가 가슴에 새긴 그의 손 중

어느 것이 나를 새겼습니다


노래하게 해 주세요, 주여

노래하게 해 주세요


그 웃는 얼굴에서요

그것은 영광을 불러일으키고

사랑에 영향을 미칩니다

그 축복받은 얼굴을요


아모르에 대한 생각이 떠오른 거죠


(중략)


사랑의 황홀경에 빠집니다, 기쁨이여,

그리고 당신의 눈에는 비가 내립니다

여전히 부드러워요

달콤함의 눈물입니다

---

## A Dio, Roma! a Dio, patria! amici, a Dio!
잘 있거라! 로마여, 잘 있거라! 조국이여, 잘 있거라! 친구들이여

잘 있거라 로마여,

잘 있거라 조국이여, 안녕


당신이 무죄라는 것에 동의하겠습니다

나는 비통한 외침 속에서 유배를 당합니다

나바고는 귀머거리 바다를 절망적으로 만듭니다


몇 시간이고 몇 시간이고 공기가

내 숨결을 받을 거예요, 그것은

내 마음의 이름으로 그들을 데려올 거예요

보기 위해서, 조국의 벽에 키스하기 위해서요

그리고 전, 전 솔링겐에 갈 거예요


눈물과 계단에 번갈아 가며 움직입니다

나무줄기와 돌에 연민을 가르칩니다

요즘 당신은 절대 비뚤어진 사람이 아니에요, 움직여요

당신의 사랑하는 사람들로부터 떨어져요

아, 신을 모독합니다

결투, 당신은 내 눈물을 방해해요

제가 조국을 떠날 때,

눈물 한 방울 흘릴 수 없습니다

친척들과 로마에게 고합니다, 안녕


신화적 서사시로 구성된 〈포페아의 대관식〉은 오페라 역사에서 초기에 제작된 작품 중 하나로 알려져 있습니다. 또한, 몬테베르디(Claudio Monteverdi)가 74세 무렵 작곡한 마지막 작품으로, 인간사의 유머러스함을 다룬 세속적이고 현대적인 감각의 걸작으로 여전히 사랑받고 있습니다.

음악평론가인 미국의 도널드 그라우트는 이 작품의 지속적인 인기 요인을 이렇게 설명했습니다. "이 음악은 거창하지 않고, 2중창 빼고는 앙상블도 몇 개 안 되고, 대단한 장면도 없다. 작곡가의 위대성은 인간의 성격을 해석해 나가는 힘에 있다."

그의 설명처럼 〈포페아의 대관식〉은 등장인물들의 성격과 심리, 극 중 상황을 음악으로 탁월하게 묘사한 작품입니다. 원래 극의 대본은 한 사람의 대사가 모두 끝난 다음 다른 사람이 대사를 말하게 되어 있었습니다. 그러나 몬테베르디는 인물들이 말을 반복해서 주고받도록 음악을 작곡해 극에 긴장감을 더했습니다.

또, 빠른 속도로 음을 반복하여 고조되는 갈등을 표현했습니다. 그 외에도, 음악의 분위기를 계속 변화시키며 인물의 빠른 감정 변화를 나타내거나, 가사와 음악을 대비되도록 연출해 인물의 겉과 속이 서로 다름을 표현하기도 했습니다.

이처럼 〈포페아의 대관식〉은 음악의 효과를 다채롭게 활용한 연출이 정열적인 곡들과 어우러져, 관객들을 휘몰아치는 감정의 소용돌이에 빠뜨려버립니다.

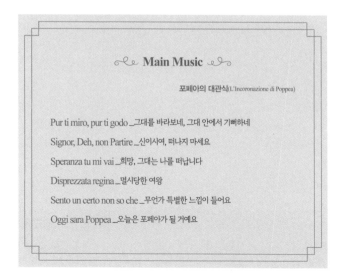

### ꙮ Main Music ꙮ

포페아의 대관식(L'Incoronazione di Poppea)

Pur ti miro, pur ti godo _그대를 바라보네, 그대 안에서 기뻐하네

Signor, Deh, non Partire _신이시여, 떠나지 마세요

Speranza tu mi vai _희망, 그대는 나를 떠납니다

Disprezzata regina _멸시당한 여왕

Sento un certo non so che _무언가 특별한 느낌이 들어요

Oggi sara Poppea _오늘은 포페아가 될 거예요

Come dolci signor come soavi _어떻게도 달콤하게, 신이시여, 어떻게도 매혹적으로

Ecco la sconsolata _이젠 위안이 없어요

E pur io torno qui qual linea _그리고 나도 여기로 돌아옵니다, 어떤 선과 같이

A Dio, Roma! a Dio, patria! amici, a Dio! _잘 있거라! 로마여, 잘 있거라! 조국이여, 잘 있거라! 친구들이여

Hor che Seneca e morto, cantiam, cantiam, Lucano _이제 세네카가 죽었다. 노래 부르자, 노래 부르자, 루카노여

Amici e giunta l'ora _친구들이여, 시간은 내 손에 있소이다

포페아의 대관식의
대표곡을 감상해 보세요.

# 죽음이 남긴 교훈
# 죽음이라는 수수께끼

: 투란도트 *Turandot*

극이 시작되면, 북경의 궁전 앞 광장에 관리가 나타납니다. 그는 그곳에서 황제의 딸, '투란도트' 공주의 칙령을 발표합니다. 칙령은 수수께끼에 관한 것이었습니다. 투란도트 공주는 자신이 낸 세 가지 수수께끼를 푸는 구혼자와 결혼할 것이며, 수수께끼를 풀지 못하는 자는 처형할 것이라고 밝혔습니다.

한편, 이국의 왕자 '칼라프'는 광장의 거리를 헤매다 아버지 '티무르'를 만납니다. 티무르는 타타르 왕국에서 추방된 후 시녀 '류'의 보살핌을 받으며 떠돌이 생활을 하고 있었습니다. 두 사람의 재회가 이루어질 때, 광장은 궁중의 함성으로 가득 차며 성곽 위에 투란도트 공주가 모습을 드러냅니다.

공주는 자신이 낸 수수께끼를 풀지 못한 구혼자, 페르시아의 왕자를 처형하라고 지시합니다. 칼라프는 그 모습을 보고 자신도 도전자가 되어 운을 시험해 보기로 합니다. 티

무르와 류의 간곡한 만류와 황궁의 대신인 '핑', '팡', '퐁'의
제지에도 불구하고 결국 칼라프는 징을 3번 울리면서 운명
의 시험대에 서게 됩니다.

핑, 팡, 퐁은 그의 장례식을 미리 준비하면서도 새로운 왕
자가 승자가 되어 이 어두움을 걷어내 주길 바란다고 노래
합니다. 그들의 노래처럼 결국 칼라프는 투란도트가 낸 세
개의 수수께끼를 풀어 최후의 승자가 됩니다.

### Signore, Ascolta!
신이시여, 들어 주세요!

신이시여, 들어 주세요!
아아, 신이시여, 들어 주세요!
류는 더 이상 참을 수 없어요!

가슴이 갈기갈기
찢어지는 것 같아요!
당신만의 이름을 가슴에,
그리고 입술은 이름을
계속 부르며,
그것은 오랫동안의
슬픈 여정이었어요

만일 내일 당신의

운명이 끝난다면

우리는 방랑의 끝에

살 수 있는 길을

잃어버리게 됩니다


폐하는 아들을 잃고

저는 그 미소의 그림자를

류는 더 이상 참을 수 없어요

아아, 자비를!

---

### Non piangere, Liu

울지 마라, 류


울지 마라, 류!

아득한 옛날 내가

네게 미소를 지었다면,

그 미소를 위해

귀여운 아가씨여,

귀담아들어다오


네 주인이 내일 세상에

아마 홀로 남게 되리라

부디 아버지의 곁을

떠나지 말라!

그분과 함께 떠나라!

그분의 유랑길을

편하게 해 드려라!


오, 불쌍한 류여,

이것이 더 이상

미소 지을 수 없는 내가,

변치 않는 작은 마음에

간청하는 말이다

다시는 미소 지을 수 없는 내가!


하지만 투란도트는 이름도 모르는 이와 결혼할 수 없다며 결혼을 불허할 것을 황제에게 청합니다. 투란도트는 어머니가 남자에게 배신당한 트라우마 때문에 남자를 증오했기 때문입니다. 그러나 황제는 약속은 신성한 것이니 이행해야 한다고 요구합니다.

이에 칼라프는 투란도트가 새벽까지 자신의 이름을 알아낼 수 있다면 그녀를 자유롭게 해 주고 기꺼이 목숨도 내놓겠지만, 그렇지 못할 경우에는 마땅히 자기의 아내가 되어야 한다고 말합니다.

공주는 모든 백성이 칼라프의 이름을 알아낼 때까지 잠들 수 없다는 포고령을 내립니다. 핑, 팡, 퐁은 칼라프에게 이곳을 몰래 떠날 것을 제안하지만 칼라프는 사랑을 쟁취하기 위해 어떤 희생도 감수하겠다고 단언합니다.

결국, 티무르와 류는 체포되어 고문당하고 류는 자신만이 왕자의 이름을 알고 있다며 티무르를 고문에서 벗어나도록 합니다. 끝내 류는 단검으로 자결해버립니다.

왕자는 류의 죽음에 대한 분노와 투란도트를 향한 사랑속에서 "죽음의 공주여."라고 외치며 공주의 얼굴을 가리던 베일을 벗겨 키스합니다.

극의 마지막 장면.

사랑에 빠진 칼라프는 스스로 자신의 이름을 알려줍니다. 투란도트는 그를 이끌고 군중 앞에 서지만, 투란도트는 칼라프의 이름을 밝히고 승리를 선언하는 대신 "그의 이름은 사랑."이라 말하며 칼라프를 포옹합니다. 군중의 환호 속에서 두 사람의 사랑이 이루어지며 극이 막을 내립니다.

In Questa Reggi

옛날 이 궁전에서

수많은 왕자가

이 세상 이곳저곳에서
이곳을 멀다 않고 와
숙명과 목숨을 버리고 있다
너를 포함한 남자들에게
원한을 가지고 있도다!

나의 마음에 살아 있는
선조의 청정함과 그 외침,
그리고 그러한 죽음에 대하여!
그 청정과 죽음과 절규!

누구든지 나를 손에 넣는 것은
영원히 할 수 없다
누구든지 나를 손에 넣는 것은
영원히 할 수 없다

선대 공주를 죽인 남자에 대한
증오심이 나의 가슴에
생생하게 머물러 있다
있을 수 없어!
누구든지 결코,
나를 손에 넣는 것은⋯⋯

아아, 자랑스러운 청정 순백함이

나에게 되살아나고 있다

이방인이여!

행운을 잡는 것은 생각하지 마라!

수수께끼는 셋! 죽음은 하나!

---

### Nessun Dorma
공주는 잠 못 이루고

아무도 잘 수 없다,

아무도 잘 수 없다


공주여, 그대 역시 차가운 방에서

별들이 사랑과 희망으로

떨고 있음을 지켜보고 있다


허나 비밀은

밀봉되어 있어,

어느 누구도

내 이름을 알 수는 없다


그렇다, 그대의 입술 위에

내가 알려 주리라

햇빛이 빛나기 시작할 때

그리고 내 입맞춤으로

침묵의 입을 열게 하리라

당신은 내 것이라고


밤이여 사라져라

별은 꺼져라

동이 트면 내가 승리한다

승리한다

승리한다


〈투란도트〉는 중국 공주의 이야기를 소재로 한 3막 구성의 오페라입니다. 푸치니(Giacomo Puccini)는 이 작품에서 중국 멜로디를 일곱 번 사용했고, 중국제 오르골로 들었던 '황제찬가'의 멜로디를 작품 속에 유용하게 녹여냈습니다. 5음계와 함께 종, 실로폰 등의 악기를 사용해 중국의 분위기를 살리기 위해 노력했던 점은 작품의 높은 인기에 한몫했습니다.

이처럼 〈투란도트〉는 작곡가 스스로 '창의적이고 독특한 작품'이라고 칭했을 만큼 소재와 음악 모든 측면에서 기존의 오페라들과는 다른 개성이 돋보이는 작품입니다.

동화에서 소재를 가져왔고, 현실적이기보다는 환상적인 모습을 그리려고 하며 비극적인 결말을 쓰지 않은 것도 이 작품의 이례적인 특징 중 하나였습니다.

하지만 푸치니는 〈투란도트〉의 결말을 짓지 못했습니다. "이제까지의 내 오페라들은 모두 버려도 좋다."라고 말할 정도로 자신했던 작품이었지만, 갑작스럽게 세상을 떠나 작품은 미완성으로 남을 운명이었습니다. 그의 제자 알파노(Franco Alfano)는 스승을 위해 〈투란도트〉를 완성하여 밀라노의 스칼라 극장에서 초연하였습니다.

이 작품은 현재까지도 참신한 화음, 관악기와 타악기의 효과적인 활용 등 독특한 색채를 가진 아름다운 오페라로 평가받고 있습니다. 하지만 공주 투란도트의 역할이 매우 어렵다는 이유로 최근에는 자주 공연하지 않고 있습니다. 높은 음역대와 드라마틱한 표현을 구사해야 하는 공주 투란도트의 고난도 연기를 소화할 수 있는 가수를 찾는 것이 쉽지 않은 것이죠.

하지만, 〈투란도트〉는 푸치니의 작품 중 가장 뛰어나다고 평가받아온 중요한 작품이기도 합니다. 그러니 이 책을 통해 조금이나마 공연의 아름다움을 접하고 상상해 보기를 바랍니다. 푸치니가 상상과 환상으로 먼 타국의 배경을 그려낸 것처럼요.

## ❧ **Main Music** ❧

Nessun Dorma _공주는 잠 못 이루고

In Questa Reggi _옛날 이 궁전에서

Tu che di gel sei cinta _얼음으로 둘러싸인 그대

Signore, Ascolta! _신이시여, 들어 주세요!

Non piangere, Liu _울지 마라, 류

Straniero ascolta _이방인, 들어봐요

Popolo di Pekino _베이징의 백성들

Ah! per l'ultima volta _아! 마지막으로

Principessa di morte _죽음의 공주

Tanto amore segreto _그리 많은 비밀스러운 사랑

Figlio del cielo _하늘의 아들

Tre enigmi m'hai proposto _그대가 세 가지 수수께끼를 내게 물었네요

**투란도트**의
대표곡을 감상해 보세요.

# 노래로 쟁취하는
# 사랑

: 뉘른베르크의 명가수 *Die Meistersinger von Nürnberg*

1500년대 뉘른베르크의 한 교회. 아름다운 '에바'는
예배에 집중하지 않고, 건너편 자리에 앉아 있는 늠름한 '발
터'를 훔쳐보느라 바빴습니다. 그러나 에바의 마음과는 상
관없이 그녀의 아버지는 다음 날 열리는 노래 경연에서 1등
을 차지하는 사람을 사위로 삼겠다고 공언했습니다.

에바는 속이 상했지만, 아버지의 말을 거역할 수 없어 발
터가 우승하기만을 간절히 바랍니다. 하지만 발터는 경연에
서 부를 노래조차 준비하지 않은 상태였습니다.

경연이 시작되자, 출연자들과 심사위원들이 등장합니다.
웅장한 전주곡이 울려 퍼지며 이들의 등장을 알립니다. 이
전 대회의 명가수 전원과 에바의 아버지 '포그너', 마음씨 고
약한 면사무소의 서기 '베크메서', 그리고 구두장이 '한스
작스'가 심사위원이었습니다. 특히 한스 작스는 오늘 출전할
'다비트'의 고용주이자 성악 선생으로 아주 재치 있는 인물

이었습니다.

발터는 예선을 통과하기 위해 최선을 다하지만 한심할 정도로 형편없는 목소리만이 흘러나옵니다.

시간은 순식간에 흐르고, 1부가 끝난 노래 경연은 잠시 휴식 시간을 갖습니다. 다비트를 비롯한 젊은 참가자들은 휴식 시간을 이용해 상점 문까지 내리고 각자 연습에 열중합니다.

다비트는 여자친구 '마그달레네'에게 오전의 경연대회에서 발터가 형편없는 점수를 받았다고 얘기합니다. 그러자 마그달레네는 쏜살같이 에바에게 이 소식을 전합니다. 에바는 발터와 결혼하지 못할 것이라고 생각해 가출할 계획까지 세웁니다. 그리곤 다른 사람들이 에바를 알아보지 못하도록 한스의 구둣방에서 마그달레네와 옷을 바꿔 입습니다.

에바의 옷을 입은 마그달레네를 멀리서 본 베크메서는 에바에게 할 말이 있다며 구둣방으로 따라 들어옵니다. 베크메서는 에바를 짝사랑하고 있었기 때문에 이 기회에 사랑을 고백하려는 생각이었습니다. 그는 창문에 기대 서 있는 에바를 보고 세레나데를 부릅니다. 이 세레나데는 베크메서가 노래 경연에서 부를 노래였습니다.

심사위원인 베크메서는 자신도 노래 경연에 참가해 1등을 차지하겠다는 계획을 밝힙니다. 그리곤 노래 경연에 참가해야 에바와 결혼할 수 있지 않겠냐고 외칩니다.

　　마침 또 다른 심사위원인 한스 작스가 들어와 이 광경을 보고는 자신이 베크메서의 노래를 심사할 것이며 노래를 잘 못 부른다면 망치로 구두 작업대를 한 번씩 치겠다고 말합니다.

　　저녁을 먹은 뒤 노래 경연이 다시 시작됩니다. 베크메서가 출전해 노래를 부르지만, 자꾸 틀립니다. 이에 한스 작스는 약속대로 쉬지 않고 망치질을 합니다. 그런데 베크메서가 자기 여자친구인 마그달레네에게 세레나데를 부르는 모습이 다비트의 눈에 들어옵니다. 화가 난 다비트는 치즈 덩어리를 집어 들어 베크메서에게 던져버립니다.

## Was duftet doch der Flieder
### 라일락은 얼마나 향기로운가

라일락 향이 너무 달콤해

너무나 향긋해

그 매력이 내 몸을 녹이네

저절로 흐르는 노래

소용없어 그런 말들은!

난 평범한 사람일 뿐!

대단하지 않은 내 노래!

친구여 그냥 내버려 둬!


차라리 가죽 일이 낫겠어!

이제 시는 끝이라네!


하지만 떠나지 않네

불안한 생각을 잊을 수 없어!

알 수도 잴 수도 없어……


이해한다 해도 판단할 수가 있나

내게는 불가능한 일이야

어떠한 법칙도 안 돼

그러나 잘못이 있는 것도 아니야


고통스럽지만 새롭기도 하지

오월의 새들 노래처럼

듣는 이에게는 환상이어서

노래하고 싶지만 부끄럼만 얻겠지


봄의 명령, 부드러운 손에

그의 영혼 맡겼네

노래해야 그의 힘 솟구치네

그 솜씨 기억하리


오늘 노래한 새에게는

알맞은 부리 가졌다네

명가수가 된다는 거 두렵겠지

그러나 나 한스 작스 만족해!


　다음 날 아침, 한스는 자신의 구둣방에서 노래 경연에 출
전하려는 수습공 다비트에게 노래 레슨을 해 주고 있었습니
다. 다비트를 내보낸 한스는 만사 웃기는 세상이라는 의미
의 재미있고 심오한 노래를 부릅니다.

　한편 잠에서 깬 발터가 꿈에서 기막히게 멋진 노래를 알
게 되었다고 한스에게 이야기합니다. 한스는 발터가 부르는
노래를 받아 적습니다. 발터가 꿈에서 배웠다는 노래라면
우승은 문제없다고 생각해서였습니다.


　이들이 방을 나서자 마침 노랫소리를 듣고 방으로 숨어
든 베크메서가 발터의 노래를 적은 악보를 훔쳐 갑니다. 자
신이 이 노래를 불러 우승을 차지하겠다는 속셈이었습니다.

　한스는 베크메서가 악보를 훔친 사실은 알고 있었지만

노래 실력이 없으니 걱정할 것 없다고 생각해 악보를 선물로 준 셈 치기로 합니다.

에바는 아버지에게 구두를 수선해야 한다는 핑계를 대고는 발터를 만나러 구둣방으로 찾아옵니다. 발터는 그녀에게 꿈에서 배운 노래를 들려줍니다. 에바는 발터의 멋진 노래에 넋이 나가버립니다.

한편, 옆에서는 한스가 다비트의 수습 딱지를 떼어주며 마그달레네와 결혼하도록 해 줍니다. 이들은 행복에 겨운 채 노래 경연장으로 향합니다.

저 멀리 초원에서 노래와 춤이 흥겹게 펼쳐지고 있습니다. 그때 오늘의 심사위원 한스가 첫 번째 참가자 베크메서를 소개합니다. 그는 한스의 구둣방에서 입수한 악보를 절반밖에 외우지 못해 노래를 엉망으로 부르다 "땡" 소리와 함께 무대를 내려갑니다.

화가 난 베크메서는 사실 이 노래는 심사위원 한스가 작곡했다고 소리칩니다. 그리곤 자신이 노래를 잘 부르지 못한 것이 전부 한스 탓이라고 폭로합니다.

반면, 한스는 노래는 죄가 없으며 노래를 잘 부르지 못한 것이 잘못이라고 대답합니다. 그리곤 다음 참가자 발터를 소개합니다.

무대에 올라온 발터는 기가 막히게 감미로운 목소리로 노래 부릅니다. 놀란 관객들은 발터의 노래를 감상하는 데 여념이 없었습니다. 마침내 발터는 경연에서 대상을 차지하여 에바와 결혼할 자격을 얻습니다.

게다가 발터는 명가수로서 명가수 노래 조합에 가입할 자격을 얻게 되었습니다. 모두가 발터를 향해 박수를 보내고 두 사람의 웃음 속에서 이야기는 끝이 납니다.

### Wahn! Wahn! Überall Wahn!
망상! 망상! 모두가 망상이다!

망상! 망상!

모두가 망상이다!


어디를 둘러보든

도시와 세계 연대기에서

왜인지 이유를 찾았지

그들이 피를 흘릴 때까지

사람들은 서로를 괴롭히고 때리네

쓸모없고 어리석은 분노 속에서!

아무도 보상을 받지 못하네

감사하게도

도망쳤어

그는 자신이 사냥하고 있다고 생각하겠지

고통의 외침은 듣지 못하고

자기 자신의 살을 파고들 때

그는 스스로에게

즐거움을 주고 있다고 생각한다네


누가 그것의 이름을 지어줄까?

그건 오래된 광기야

아무 일도 일어나지 않을 거야

아무것도 아니니까!

길의 어딘가에서 멈춘다면

그것은 단지 잠으로부터

새로운 힘을 얻기 위한 것이지

갑자기 깨어났다고

---

## Morgenlicht leuchtend in rosigem Schein
아침은 장밋빛으로 빛나고


눈부신 장밋빛

햇살 비치는

어느 날 아침에

대기는

꽃향기로 가득 차고,

본능적인 기쁨이

도처에 넘쳐 흐르는

정원으로

나를 이끄네


눈부신 은총으로 가득한

정원 높은 곳에

먹음직스러운

황금 열매가

멋진 광채를 내며

영예로운 나무의

향기로운 가지 끝에

매달려 있네


숭고한 빛이

나를 감싸줄 때

난생처음 보는

희고 아름다운 한 여인이

내 곁에 서 있네


마치 나의 신부가 된 듯

나에게 부드럽게 안기고

반짝이는 눈과

빛나는 손으로

내가 진심으로 열망하는

인생의 나무에

아름다운 열매를

맺게 하네


〈뉘른베르크의 명가수〉를 작곡하던 당시 바그너(Wilhelm Richard Wagner)는 그의 파란만장한 인생 속 또 다른 역경의 시기를 겪고 있었습니다.

잇따른 공연 계획의 무산으로 좌절해 있던 바그너에게 또 하나의 비보가 날아들었기 때문입니다. 그의 아내 민나가 심장질환으로 사망한 것이었습니다. 괴로워하던 바그너는 음악에서 도피처를 찾고자 작곡에 매진했고, 결국 오페라 〈뉘른베르크의 명가수〉를 완성했습니다.

장장 6시간에 달하는 긴 공연시간에도 불구하고 초연에 대한 반응은 열광적이었습니다. 청중은 공연이 끝난 뒤 열렬한 환호로 바그너의 이름을 외쳤습니다. 바그너는 청중에게 고개 숙여 인사하며 환호에 답했고요.

바그너에 반대했던 정치인이 많았음에도 불구하고, 루트

비히 2세는 바그너를 꾸준히 지원했습니다. 왕에게 인정받은 이 작품은 바그너의 작품 중에서도 매우 독특합니다.

바그너가 성숙기에 작곡한 유일한 희극이며, 특정 문학 작품을 바탕으로 하지 않고 바그너가 직접 모든 줄거리를 쓴 유일한 작품이기 때문입니다.

또한, 신화적인 배경 대신 실존했던 역사적 시공간을 배경으로 채택한 유일한 작품이기도 합니다.

더욱 주목할 만한 점은 운율을 따르는 가사, 아리아, 합창, 2중창과 3중창, 앙상블이 모두 포함되었다는 사실입니다. 이 요소들은 모두 바그너가 반대하던 것들이었는데, 쇼펜하우어의 철학을 접한 뒤 변화한 바그너의 음악관이 작품에 반영된 것입니다.

때로는 유치한 연출이라며 관객들에게 야유를 받기도 했습니다. 하지만 작품은 진지하고 전문적인 연출 대신 다채로운 볼거리를 제공하며 입문자들을 오페라의 세계로 불러들입니다.

그 속에서, 관객들은 자연스럽게 예술의 규율과 자율성, 그리고 사랑에 대한 바그너의 통찰을 엿볼 수 있을 것입니다.

뉘른베르크의 명가수(Die Meistersinger von Nürnberg)

Was duftet doch der Flieder _라일락은 얼마나 향기로운가

Selig wie die Sonne _햇빛처럼 축복받은

Verachtet mir die Meister nicht _스승들을 경멸하지 마세요

Wahn! Wahn! Überall Wahn! _망상! 망상! 모두가 망상이다!

Jerum jerum _예루살렘

O Sachs mein Freund _오, 작스 내 친구

Das schone Fest Johannistag _아름다운 요한날의 축제

Fanget an! so rief der Lenz in den Wald _시작하자! 봄은 숲에서 부르기
　　　　　　　　시작했습니다

Den Tag seh ich erscheinen _낮이 밝아오는 것을 보네요

뉘른베르크의 **명가수**의
대표곡을 감상해 보세요.

# 젊음의 대가를
# 치르다

: 파우스트 *Faust*

늙은 철학자이자 과학자, '파우스트'는 절망에 빠져 있었습니다. 일생을 연구에 바쳤지만 정작 인생이 무엇인지 알 수 없었기 때문입니다. 그는 지금까지 행복하거나 사랑에 빠진 사람들을 모두 저주하며 살아왔습니다.

그랬던 그는 이제 정말 삶이 지쳐버렸습니다. 창밖에서는 삶을 즐기는 활기찬 소리가 유쾌하게 들려오지만, 그 소리는 오히려 파우스트를 괴롭게 합니다.

그 순간 악마 '메피스토펠레스'가 나타납니다. 악마는 부유함, 영광, 권력 등 파우스트가 원하는 것을 무엇이든 줄 수 있다고 말합니다.

파우스트는 다른 것은 필요하지 않으니 오로지 젊음을 달라고 답합니다. 그러자 메피스토펠레스는 지상세계에서 자신이 파우스트의 시중을 들어줄 테니, 지하세계에서는 자신을 섬기라는 조건을 내겁니다.

파우스트가 망설이자 메피스토펠레스는 아름다운 '마르그리트'가 물레를 감는 모습을 보여줍니다. 파우스트는 그 모습에 매료되어 악마의 계약서에 서명하고 마법의 약을 마십니다. 그러자 파우스트는 젊고 매력적인 남자로 변합니다.

마을 광장에서는 축제가 한창입니다. 학생들, 마을 사람들, 군인들이 모두 흥겹게 마시면서 노래를 부릅니다.

광장에 마르그리트의 오빠 '발렌틴'과 그의 친구 '시에벨'이 들어섭니다. 발렌틴은 전쟁터로 나가야 했기에 홀로 남을 여동생 마르그리트를 걱정합니다. 그러자 시에벨은 자신이 마르그리트를 돌볼 테니 걱정하지 말라고 발렌틴을 안심시킵니다.

그때 마법을 써서 점쟁이로 변신한 메피스토펠레스가 등장합니다. 그러자 사람들은 그에게 손금을 보려고 몰려듭니다. 시에벨도 그를 찾았습니다. 점쟁이 악마는 시에벨에게 당신이 손으로 만지는 모든 것은 시들게 될 것이며 친구 발렌틴도 곧 전장에서 죽을 것이라고 말해 줍니다.

그리고는 술집의 커다란 와인 병을 마법으로 깨뜨려 사람들에게 마시라고 권합니다. 마르그리트에게 축배를 건네는 메피스토펠레스. 이 모습을 지켜보던 발렌틴은 이유 모를 불안감을 느껴 칼을 꺼내 점쟁이를 죽이려 합니다. 하지만 악마의 마법으로 칼은 부러져버립니다.

혼란스러운 상황에 사람들은 칼로 십자가 형태를 만들며 악마를 경계합니다. 하지만 메피스토펠레스는 다시 돌아오겠다는 말을 남기고 떠나버립니다.

악마가 사라진 광장에는 이내 다시 왈츠가 울려 퍼지고, 마르그리트가 나타납니다. 파우스트는 마르그리트에게 춤을 청하지만 거절당합니다.

마르그리트를 보호하겠다고 약속한 시에벨은 마르그리트에게 주려고 꽃을 꺾습니다. 하지만 시에벨이 꺾은 꽃은 악마의 저주대로 시들어버립니다.

시에벨은 저주를 풀기 위해 성수에 손을 담그고, 저주가 풀리자 꽃다발을 만들어 마르그리트의 방문 앞 계단에 놓아둡니다.

메피스토펠레스는 파우스트가 마르그리트를 손에 넣기 위해서는 속임수가 필요하다고 생각합니다. 메피스토펠레스는 온갖 보석이 담긴 상자를 만들어 시에벨이 만든 꽃다발 옆에 놓아둡니다.

상자를 본 마르그리트는 기뻐 어쩔 줄 모릅니다. 이후 악마가 또 다른 마법을 부리자 마르그리트는 파우스트에게 완전히 마음을 빼앗겨 버립니다. 이어 파우스트가 마르그리

트의 방으로 들어가자 메피스토펠레스는 악마의 웃음을 터
뜨립니다.


**Salut! demeure chaste et pure**

안녕! 순결하고 순수한 집아!


안녕! 순결하고 순수한 집아!

안녕! 순결하고 순수한 집이로구나!

순수하고 신성한 영혼의 존재가 느껴지네

가난하지만, 커다란 풍요로움이 있구나!


조그마한 오두막이지만,

커다란 행복이 느껴지네!

가난하지만, 커다란,

커다란 풍요로움이 있어!

조그마한 오두막이지만,

커다란 행복이 느껴지네!


오! 자연이여!

그대를 그토록

아름답게 만든 곳이

바로 이곳이로군요!

그 어린 소녀가

당신의 날개 아래 잠들고

당신의 두 눈 아래 성장한 곳이

바로 이곳이로군요


이곳이 당신의 숨결로

그녀의 영혼을 감싸고,

하늘의 천사로 피어나는 육체를 가진

여인으로 만든 곳이로군요!

바로 여기야! 그래, 바로 여기!

---

## Ah! Je ris de me voir si belle
너무 예쁜 내 모습(보석의 노래)

저게 뭐지?

어디서 온 보석상자일까?

만지기 두려워

여기에 열쇠가 있네

열어 봤으면


왜 손이 떨릴까?

단지 열기만 하는 건

죄가 아니지

아! 이 많은 보석!

이게 꿈인가? 생시인가?

이처럼 많은 보석

난 생전 처음 봐!


이 귀걸이들을

내 귀에 걸어볼까?

아! 여기에 거울이 있네

내가 어떻게 이런 요염한 것들을

거부할 수 있을까?


아! 거울 속에 나타난 내 모습,

얼마나 아름다운가!

이게 진짜 너야?

마르그리트, 너야?

어서 말해 봐


아니, 이건 더 이상 네가 아니야

네 얼굴이 아니야

바로 공주야

더 이상 네가 아니야

바로 공주야

모든 사람이 절하는 공주야

아! 그가 여기에 있다면,

그가 이 모습 본다면,

가장 아름다운 아가씨라 할 텐데

완전한 변신을 위해

목걸이와 팔찌도


아! 나에게 너무도

잘 어울리네


파우스트와 마르그리트의 로맨스는 격렬한 감정과 사랑으로 시작합니다. 하지만 곧 파우스트의 욕망과 탐욕, 그리고 사랑에 책임을 갖는 것에 대한 두려움으로 인해 결국 그는 마르그리트를 외면하고 맙니다.

파우스트는 마르그리트를 버렸지만, 그녀는 파우스트를 잊지 못하고 여전히 사랑하고 있었습니다. 그녀가 교회에서 참회의 기도를 올리려고 하자 메피스토펠레스와 악마들이 나타나 그녀가 지옥에 갈 것이라고 합창합니다.


전장에서 돌아온 발렌틴은 동생에 대한 소문을 듣고 파우스트를 찾아가 결투를 벌입니다. 그러나 악마의 도움을 받은 파우스트가 발렌틴을 찔러 쓰러뜨립니다. 발렌틴은 파우스트와 마르그리트를 저주하며 숨을 거둡니다.

발렌틴의 죽음으로 미쳐버린 마르그리트는 자신이 파우스트와 가졌던 아기를 살해합니다. 그렇게 그녀는 사형을 선고받고 감옥에 갇히고 말죠. 악마와 혼령들이 광란의 춤을 추지만 그녀는 자기가 어디 있는지도 분간하지 못합니다.

마르그리트는 자신을 하늘나라로 데려가 달라고 천사들에게 빕니다. 그녀의 안타까운 모습에 파우스트의 마음은 다시 그녀에게로 향합니다. 파우스트가 마르그리트에게 돌아와 그녀를 감옥에서 탈옥시키고 도망치려는 순간, 메피스토펠레스가 나타나 '타임아웃'을 외칩니다.

마르그리트는 파우스트의 손에 오빠 발렌틴의 피가 묻은 것을 보고 한때 사랑했던 그를 저주하며 숨을 거둡니다. 마르그리트의 영혼은 천사들의 합창 속에 하늘나라로 올라갑니다. 반면, 파우스트는 그간의 대가로 메피스토펠레스에게 끌려가 지옥에 떨어져 버립니다.

### Gloire immortelle de nos aieux
조상들의 불멸의 영광

예, 기껏해야 가족들이 즐거워하는 법이지
조용히 떨며 듣는 어린이들에게
늙은이들과 젊은 소녀들에게
전쟁과 전투를 설명하는 것이지!

불멸의 영광은

우리 조상들에게 있어


우리에게 충성하라,

그들처럼 죽자!


그리고 네 날개 아래에서,

승리한 군인들이여,

우리의 걸음을 인도하고,

우리의 마음을 불태워라!


여러분, 조국이여,

운명에 맞서며

당신의 아들들, 강인한 영혼을 가진 자들은

죽음을 돌파했습니다!


당신의 성스러운 목소리가 우리에게 외치네

전진하라, 군인들아!

무기를 손에 쥐고 전투를 달려라!


오페라 〈파우스트〉는 독일의 전설인 파우스트를 배경으로 한 초자연적 비극입니다. 파우스트의 전설을 각색한 오페라는 16편에 이르는데 그중 구노(Charles Gounod)의 작품이 가장 성공적이었습니다.

구노의 〈파우스트〉는 한 해 동안 파리에서 2,000회 이상 공연됐을 정도인데, 파우스트의 작가인 괴테가 그의 저서에 "모차르트는 다른 작품이 아닌 파우스트를 작곡했어야 한다."라고 남길 만큼 대단한 성적이었습니다.

파리뿐만 아니라 뉴욕 메트로폴리탄 오페라 극장에서도 〈파우스트〉가 자주 공연되었는데, 이는 작품이 당대의 취향에 잘 맞았기 때문입니다.

구노와 리브레토(Libretto, 오페라의 대본) 작가 쥘 바르비에와 미셸 카레 세 사람이 관객이 원하는 것을 정확하게 꿰뚫었습니다. 그들은 메피스토펠레스를 일반적인 악마의 모습처럼 그리기보다 파리의 냉소적인 한량의 모습으로 그리는 등 인물을 매력적으로 표현했으며 보편적인 취향에 부합하는 아름다운 선율로 오페라를 채웠습니다.

더불어, 이 작품은 우아함을 강조한 프랑스의 서정적인 오페라의 정형을 보여주면서도, 뚜렷한 개성과 상징성을 가진 인물들의 모습을 등장시켜 인기를 끌어왔습니다.

평생을 진리 탐구에 매진한 철학자와 그의 영혼을 탐내는 악마, 순수하고 헌신적인 사랑을 보여주는 마르그리트. 이들의 성격과 심리는 노래 속에 선명하게 드러나고 있습니다.

이렇게 철저한 짜임새 덕분에 〈파우스트〉는 오늘날 가장 자주 연주되는 오페라 중 하나로 자리 잡았습니다.

〈파우스트〉에서 극명하게 대비되는 인물들의 입장과 성격을 관람하는 관객들은 어떤 캐릭터에게든 매력을 느끼게 될 것입니다. 이들 가운데 누가 가장 기억에 남았는지, 무슨 이유 때문인지 곰곰이 생각하다 보면 극 속의 인물에게 투영된 마음속 욕망을 발견할 수 있을지도 모릅니다.

### Main Music

파우스트(Faust)

Salut! demeure chaste et pure _안녕! 순결하고 순수한 집아!

Ah! Je ris de me voir si belle _너무 예쁜 내 모습(보석의 노래)

D'amour l'ardente flamme _사랑의 뜨거운 불꽃

Avant de quitter ces lieux _이곳을 떠나기 전에

O Dieu que de bijoux _오, 신이시여, 보석보다는

Le veau d'or est toujours debout _황금 송아지는 아직도 서 있네요

Sorge infausta una procella _불행한 폭풍우가 일어나네요

Il était un Roi de Thulé _툴레의 왕이 있었습니다

Quel trouble inconnu me pénètre _어떤 알 수 없는 동요가 저에게 깊이

　　　　스며들어요

Vin ou bière _포도주나 맥주

**파우스트**의
대표곡을 감상해 보세요.

# 어긋난
# 사랑의 말로

: 카르멘 *Carmen*

태양이 작열하는 세비야의 광장. 병사들이 오가는 행인들을 구경하며 시간을 보내고 있습니다. 그런 군인들에게 조심스럽게 다가온 '미카엘라'. 그녀는 '돈 호세'를 찾지만, 군인들이 짓궂은 수작을 부리자 황급히 자리를 뜹니다.

그때 담배공장에서 일하는 여자들과 '카르멘'이 나타납니다. 카르멘은 치근덕거리는 남자들에게 변덕스러운 사랑에 대해 경고합니다. 사랑은 길들일 수 없는 한 마리 새와 같아서 원하지 않으면 불러도 소용없다고요.

노래를 마친 카르멘은 무관심한 태도를 보이던 돈 호세에게 꽃을 던지더니 떠납니다. 카르멘의 도발에 혼란스러운 돈 호세. 그런 그에게 미카엘라가 어머니의 편지를 전합니다.

편지에는 미카엘라와 결혼하라는 내용이 담겨 있었습니다. 호세는 편지 속 어머니의 충고대로 미카엘라와 결혼할 것을 결심합니다.

한편 카르멘은 마을에서 작은 소동을 벌이게 됩니다. 그리고 돈 호세는 명령에 따라 소동을 벌인 카르멘을 체포하려 하지만, 그녀의 유혹에 넘어가 카르멘의 탈출을 도와주기로 합니다. 그러자 배경은 밀수업자들의 소굴인 주점으로 바뀝니다.

카르멘이 "찰랑대는 묘한 악기 소리에 집시 소녀들이"라는 가사를 선창하자, 집시들이 합류하여 춤과 노래는 걷잡을 수 없이 격렬해집니다.

주점에 들어선 투우사 '에스카미요'는 투우사의 삶을 뽐내며 예찬합니다. 그리고는 카르멘에게 관심을 보입니다.

하지만 그녀는 에스카미요를 거절합니다. 카르멘은 그녀의 탈출을 도와준 죄로 감옥에 갇혔다가 석방된 호세를 위해 춤추고 노래할 뿐이었습니다.

카르멘이 아름다운 가무를 선보여도 호세는 들려오는 점호 나팔 소리에만 신경이 곤두서 있습니다. 이 모습을 본 카르멘은 단단히 화가 났습니다. 호세는 자신의 무관심에 상처받은 카르멘에게 순수한 사랑을 고백해 보지만, 그녀의 마음을 풀어줄 수는 없었습니다.

때마침 호세의 상관이 카르멘을 찾아오고, 질투에 눈이 먼 호세는 그를 공격합니다. 이제 호세는 카르멘이 희망해오던 바와 같이 그녀와 함께 탈영하여 밀수업자로 살 수밖에 없게 되었습니다.


### L'amour est un oiseau rebelle

사랑은 길들지 않은 새


사랑은 길들지 않은 새

아무리 애써도 길들지 않아

아무리 불러도 소용없어

한번 싫다면 그만이야


겁줘도 달래도 소용없어

저쪽이 지껄이면 이쪽이 입 다물죠

이쪽 분에게 마음이 있어

말은 없어도 좋아져

사랑은, 사랑은, 사랑은, 사랑은!


사랑은 타고난 보헤미안

법도 규칙도 없어

날 안 좋아한다면, 내가 좋아해 주지

내가 좋아하면 조심해야 돼


날 안 좋아한다면

날 안 좋아한다면, 내가 좋아해 주지

내가 좋아하면,

내가 좋아하면, 조심해야 돼


새를 잡았다고 생각해도

날개가 있어서 날아가 버려

사랑이 멀리 있다면 기다리겠지만

기다릴 것 없어요, 여기 있는 걸


당신 둘레를 요리 저리로

왔다 갔다 돌아와서

잡은 줄 알았는데 도망가고

도망간 줄 알았지만 붙잡혔지

사랑은, 사랑은, 사랑은, 사랑은!


사랑은 타고난 보헤미안

법도 규칙도 없어

날 안 좋아한다면 내가 좋아해 주지

내가 좋아하면, 조심해야 돼


---

## Pres des remparts de Seville (Seguidilla)

세비야 성벽 근처(세기디야)


세비야의 성벽 근처에서,

내 친구 릴리아스 파스티아 집에서


세기디야를 춤추며

맨자니야 술을 마실 거야!

내 친구 릴리아스 파스티아 집으로 갈 거야


그래도 혼자 있는 건 지루해,

진정한 즐거움은 둘이서야 오는 법이야


그러니 나를 동반해 줄 사람을 데리고 갈 거야,

내 연인을 데리고 갈 거야

내 연인

그는 지옥에 있어


나는 어제 그를 문 밖으로 내보냈어

내 가슴은 매우 위로받을 만해,

내 마음은 자유롭고 자유로워


나는 수십 명의 구애자를 가지고 있지만,

그들은 내 취향에 맞지 않아


주말이 다가오고 있어,

나를 사랑하고자 하는 사람에게 나는 사랑을 줄 거야

내 영혼을 원하는 사람은 가져가도 좋아

당신은 제때 도착한 거야,

기다리는 시간이 별로 없어

내 새로운 연인과 함께

세비야의 성벽 근처에서,

내 친구 릴리아스 파스티아 집에서

세기디야를 춤추며

맨자니야 술을 마실 거야

그래, 나는 내 친구

릴리아스 파스티아 집으로 갈 거야!

한편, 세비야 근교의 산속에서는 밀수업자들의 작업이
한창입니다. 카르멘은 카드 점을 통해 자신의 죽음을 예견
합니다.

카르멘과 밀수업자들이 자리를 비운 사이, 홀로 약혼자
인 호세를 찾아 나선 미카엘라. 그녀는 두렵지 않다고 말했
지만, 사실은 두렵다고 본심을 고백합니다. 그리곤 자신에게
용기를 달라며 기도합니다.

그런데 갑자기 에스카미요가 등장합니다. 호세가 카르멘을 찾으러 온 에스카미요와 싸움을 벌이자, 카르멘은 급히 이 싸움을 말립니다. 에스카미요는 물러나며 다음 투우 경기에 그녀를 초청합니다.

반면, 미카엘라로부터 어머니가 위독하다는 사실을 듣게 된 호세는 황급히 집으로 향합니다.


투우 경기가 열리는 날. 함께 등장하는 카르멘과 에스카미요에게 군중이 환호를 보냅니다. 경기가 시작되자, 혼자 남은 카르멘 앞에 호세가 나타나 사랑을 애걸합니다. 카르멘은 사랑에 구속되느니 죽음을 택하겠다며 호세가 선물해 준 반지를 집어 던집니다.

그녀의 행동에 격분한 호세는 칼로 카르멘을 찔러버립니다. 그와 동시에, 에스카미요의 승리를 축하하는 군중의 함성이 울려 퍼지며 막이 내립니다.


### La fleur que tu m'avais jetee (Flower Song)
네가 던진 꽃은(꽃의 노래)


네가 던진 꽃은

나의 감옥에 남아 있었지


시들고 말라버린 이 꽃은

항상 그 달콤한 향기를 간직했어


그 향기에 취하며

시간을 가득 채웠고

밤에는 널 보았어


내가 널 저주하고

널 미워하며 스스로에게 말했지


왜 운명이

나의 길에 너를 놓았을까?


그리고 나는 모독의 죄를 자책하며

나 자신 안에서 느껴지는 건

한 가지 욕망, 한 가지 희망뿐이었어


다시 널 만나고 싶다는 거야,

오 카르멘, 널 다시 만나고 싶어!


네가 나타나기만 하면 충분했어

나에게 한 번 눈길만 던져주면

내 전부를 사로잡는 거야

오 나의 카르멘

나는 네 것이었어

카르멘, 나는 널 사랑해!


〈카르멘〉의 작곡가인 비제(Georges Bizet)는 이 작품을 통해 오페라 코믹(Opera comic, 희극적인 내용의 오페라)이라는 침체되어 가는 장르를 개혁하고자 했지만, 초연은 대중과 평단 모두에게 호의적인 평을 받지 못했습니다. 당시 오페라 코믹은 중산층 가족들이 주로 찾는 장르로 관능적인 집시를 여자 주인공으로 내세웠기 때문입니다.

또한, 집시 무리나 밀수업자들, 담배공장에서 일하는 여성 노동자 등 다양한 하층민의 척박한 삶에 대한 사실적인 묘사나 치정 관계로 인한 살인과 같은 요소는 극장의 이미지뿐만 아니라 당시 오페라 코믹의 전통에서도 용납되기 어려웠습니다.


정교하게 구성된 오케스트라 음악이나 풍부한 합창 역시 당시의 연주자나 청중에게 이해받지 못했습니다. 비제는 초연 3개월 만에 자신의 작품이 상업적으로나 예술적으로나 실패했다는 사실에 충격을 받아 요절하고 맙니다.

그러나 공교롭게도 비제가 세상을 떠난 뒤, 사실주의가 유행하며 〈카르멘〉은 폭발적인 인기를 누리게 됩니다.

다양한 계층의 인물들을 각자의 특성과 줄거리에 맞게 섬세하고 사실적으로 묘사한 비제의 음악 덕분이었습니다. 시대와 함께, 초연 당시 집시 여자 주인공 카르멘을 천박하게만 여기던 대중의 시선도 변화했습니다. 욕망에 솔직한 여인, 사랑을 주도하는 여인, 죽음 앞에서도 꼿꼿한 여인.

거침없이 당당한 카르멘의 모습이 모차르트의 〈돈 조반니〉와 같이 매력적이고 신선한 충격을 주게 된 것입니다.

시대를 앞서 탄생한 〈카르멘〉은 현대에 이르러 세계에서 가장 사랑받는 오페라 중 하나가 되었습니다. 이처럼 아름다운 작품들이 때로는 대중의 무관심이나 평단의 혹평에 가려지곤 했습니다. 초연 당시의 〈카르멘〉과 같이 수많은 감춰진 걸작들이 지금도 유명세를 얻지 못하고 어딘가에 빛바랜 포스터와 함께 숨겨져 있을지 모릅니다.

### Main Music

카르멘(Carmen)

L'amour est un oiseau rebelle _사랑은 길들지 않은 새
Votre toast (Toreador Song) _당신의 축배(토레아도르의 노래)

La fleur que tu m'avais jetee (Flower Song) _네가 던진 꽃은(꽃의 노래)

Les tringles des sistres tintaient (Gypsy Song) _사이스트라의 나무

지팡이가 땅을 두드렸어(집시의 노래)

Pres des remparts de Seville (Seguidilla) _세비야 성벽 근처(세기디야)

C'est toi C'est moi _이게 너야 이게 나야

Parle-moi de ma mère _나의 어머니에 대해 말해 봐

Melons! Coupons! (Card Trio) _멜론! 잘라내요!(카드 트리오)

Je vais danser en votre honneur _당신의 영광을 위해 춤추러 가겠습니다

En vain, pour éviter _하지만, 우리가 피할 수 있는 것은

Si tu m'aimes, Carmen _만약 네가 나를 사랑한다면, 카르멘

Je suis Escamillo _나는 에스카미요입니다

**카르멘**의
대표곡을 감상해 보세요.

우리는 삶에서 다양한 사랑을 마주합니다. 그 사랑 속에서 견줄 수 없는 행복을 맛보기도 하고, 때로는 쓰라린 아픔을 느끼기도 합니다. 그리고 사랑에 비롯한 그 순간들은 우리 삶에 너무도 큰 부분으로 다가오죠. 오페라 속의 인물들도 우리와 같은 사랑에 기뻐하고 때로는 좌절합니다.

오페라 〈피델리오〉의 레오노레는 '피델리오'로 변장하여 남편 플로레스탄을 찾으러 감옥으로 들어갑니다. 피델리오의 용기는 사랑에 빠져 상대방을 위해 무엇이든 다 해 줄 수 있을 것만 같은 우리의 열정을 닮은 것도 같습니다.

〈오텔로〉의 오텔로는 사랑에 지나치게 매몰된 나머지 나락으로 추락합니다. 그의 멍청함이 결국 사랑을 파멸로 몰고 갔죠. 오텔로의 행동은 과열된 사랑에 허우적대는 우리의 모습을 연상시키기도 합니다.

우리의 인생은 하나의 반복되는 흐름과도 같습니다. 행

복할 때도 있고, 괴로울 때도 있죠. 사랑도 마찬가지입니다. 우리는 사랑을 할 때도 절정과 이별을 경험하고, 때로는 상처를 넘어 다시 도전하기도 합니다.

어쩌면 사랑은 인생의 굴곡과 참 비슷한 것 같습니다. 사랑의 결과가 어떻게 맺어지건, 우리는 사랑 속에서 인생도 사랑도 반복되는 흐름의 연속이라는 한가지 배움을 깨우치니까요.

『방구석 오페라』를 통해 여러분이 지금껏 경험해 온 사랑을 다시 한번 돌아보고, 앞으로 겪게 될 사랑을 기대할 수 있기를 바랍니다.

아름다운 사랑과 전율의 배신, 운명적 서사 25편

# 방구석 오페라

**초판 1쇄 발행 2023년 11월 1일**
**2쇄 발행 2023년 11월 20일**

지은이 | **이서희**
기획 편집 총괄 | **호혜정**
편집 | **이보슬**
기획 | **김민아 유승현**
디자인 | **이선영**
교정교열 | **김가영 김수하**
마케팅 | **이지영 김경민**
펴낸곳 | **리텍 콘텐츠**
주소 | **서울시 용산구 원효로 162 세원빌딩 606호**
이메일 | **ritec1@naver.com**
홈페이지 | **http://www.ritec.co.kr**
ISBN | **979-11-86151-65-5 (03190)**

상상력과 참신한 열정이 담긴 원고를 보내주세요. 책으로 만들어 드립니다.
원고투고: ritec1@naver.com